LES 100 PLUS BELLES MOTOS DU MONDE

Les 100 plus belles motos du monde

Glénat

Édité par : Éditions Glénat

Éditions Glénat
Couvent Sainte-Cécile
37, rue Servan
38 000 GRENOBLE

Cet ouvrage est une édition partielle et augmentée de l'encyclopédie « Motos passion » publiée par les Éditions Atlas. Une partie de ces pages a été publiée dans l'ouvrage *100 ans de motos* du même éditeur.

Directeur de collection : Francis Dréer

Prépresse et fabrication : Glénat Production

Achevé d'imprimer en Pologne en mars 2024 par Drukarnia Interak,
sur papier provenant de forêts gérées de manière durable.

Certifié PEFC
Ce produit est issu de forêts gérées durablement et de sources contrôlées
PEFC
PEFC/32-31-002
www.pefc-france.org

Dépôt légal : avril 2024
ISBN : 978-2-344-06419-1

INTRODUCTION

Des premiers tours de roue hésitants de la fin du XIXe siècle jusqu'aux machines bardées d'électronique, la moto est restée un engin qui a fasciné des générations d'humains. La motocyclette est en effet souvent associée à la vitesse. La plupart du temps, le pilote est seul à bord et doit maîtriser une machine qui défie les lois de la physique à cause de son instabilité naturelle.

Concevoir une moto et rouler à moto est incontestablement réservé à un monde de passionnés. Mais c'est aussi un phénomène de mode qui suit les tendances. Après le règne des prestigieuses BSA, Norton ou des Triumph « made in England », les années 1960 sont marquées par l'arrivée des machines japonaises qui correspondent mieux aux goûts ludiques des baby-boomers. Le quatuor Honda, Yamaha, Kawasaki et Suzuki se livrent alors une guerre sans merci. Puis vint l'ère des supersportives. À la fin des années 1970, la fiabilité et les puissances des moteurs font un bond en avant. La barre des 100 chevaux est allègrement franchie et rien ne semble pouvoir arrêter cette escalade. C'est aussi véritablement dans ces années 1970 que le marché de la moto se sectorise : les trails permettent de découvrir le monde sur les pistes sahariennes ou africaines, le custom d'influence nord-américaine a ses adeptes et les petites cylindrées sont déjà perçues comme une alternative à la circulation dans les centres-villes surpeuplés. Certaines marques sont déjà devenues des mythes : BMW, Harley-Davidson ou Moto-Guzzi affichent des caractères différents qui séduisent des populations motardes tout aussi variées. Aujourd'hui, le monde de la moto a encore évolué et se distingue par ses multiples ramifications : il existe presque une infinie variété de machines conçues autour d'un même ensemble mécanique et qui, selon les marques, sont des roadsters, des Super Sport, des Hyper Naked, des modèles Adventure, Urban ou Touring, des Custom ou des Classic, sans oublier les motos de cross ou les scooters. Il y en a désormais pour tous les goûts et toutes les bourses !

Francis Dréer

SOMMAIRE

I

LES ANNÉES 1900-1930

DES PIONNIERS AUX ANNÉES FOLLES

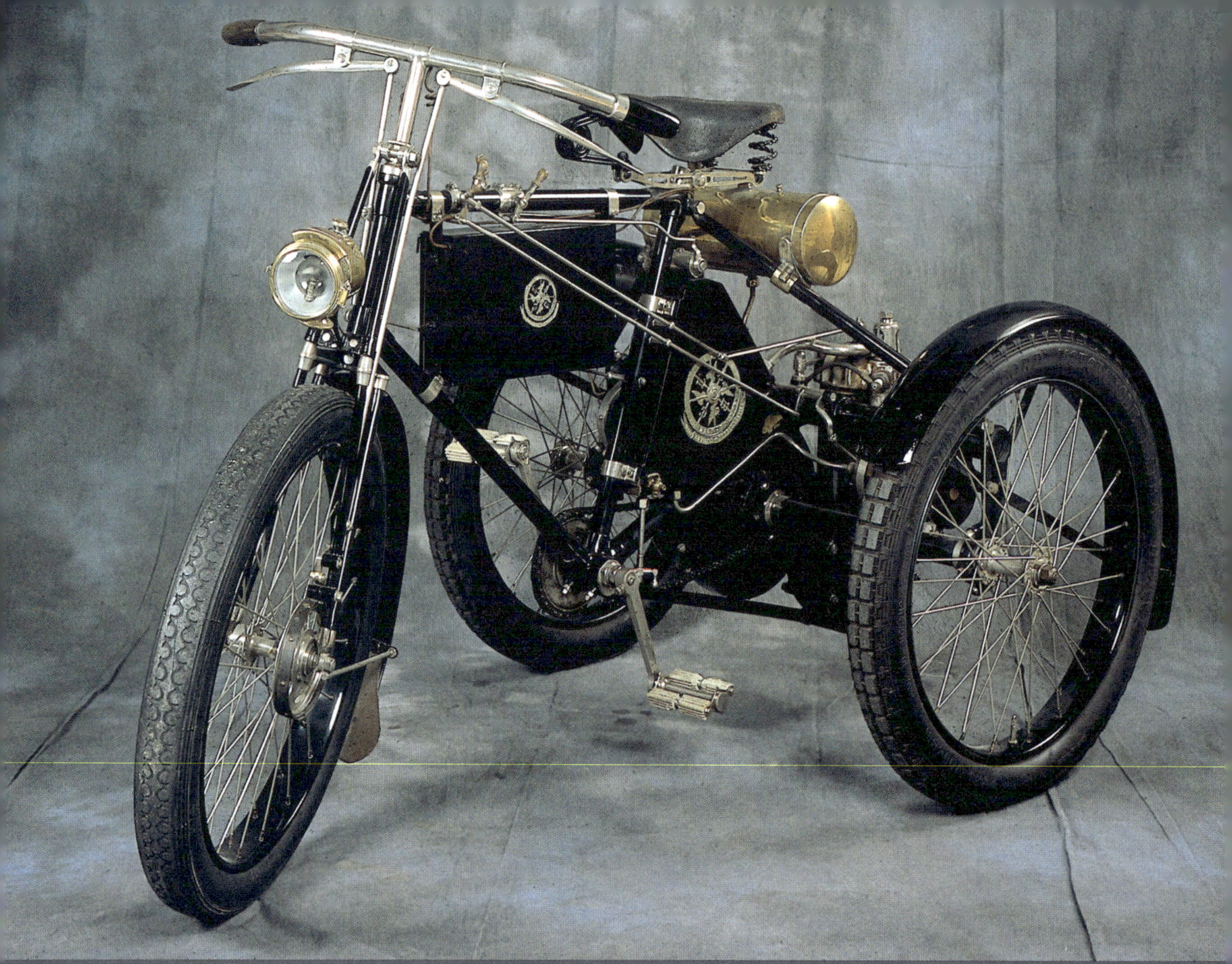

IIIII FRANCE

ANNÉES DE PRODUCTION: 1895-1910

MOTEUR: 4 T, monocylindre vertical, 2 soup.lat./cyl., refr. par air

CYLINDRÉE: 350 cm³

ALÉSAGE X COURSE: 80 x 80 mm

PUISSANCE: 1 3/4 ch

COUPLE: nc

ALIMENTATION: par léchage

TRANSMISSION: transm. directe par pignon via demi-arbres de roue

SUSPENSION: avant, sans; arrière, sans

FREINS: à enroulement

POIDS: 80 kg

VITESSE MAX.: 40 km/h

1900
TRICYCLE DE DION

Le tricycle à moteur est un des ancêtres directs de la motocyclette. Au début du siècle, le moteur à explosion donne naissance à une multitude d'engins.

Certains tomberont dans les oubliettes, mais auront entre-temps fait faire un bond en avant aux véhicules motorisés. C'est le cas du tricycle mis au point par De Dion au début du siècle. Cet engin est né de l'association de deux hommes: Albert De Dion, noble à la vie exubérante, et Georges Bouton, simple artisan. Tous deux étaient passionnés de mécanique et, après avoir tâté de la vapeur, ils développèrent un premier monocylindre à pétrole particulièrement compact et moderne avec un allumage électrique. C'est ainsi qu'est présenté un premier tricyle en 1895. Véhicule hybride, le tricycle est censé être plus facile à prendre en main qu'une motocyclette. Malgré tout, il se révèle instable. Mais l'engouement pour le monocylindre prend de l'ampleur et De Dion et Bouton connaîtront la gloire en devenant fournisseurs de nombreuses marques internationales.

MOTEUR À PÉTROLE

Le monocylindre développé par De Dion-Bouton, d'abord commercialisé en 185 cm^3, est original à plus d'un titre. Le cylindre est en fonte, mais le carter principal est en aluminium. La culasse est détachable et coiffe le cylindre avec ses soupapes côte à côte. Cet ensemble est fixé par quatre goujons. La carburation est à léchage, c'est-à-dire qu'elle s'effectue uniquement par évaporation du pétrole contenu dans le réservoir triangulaire. Ces vapeurs parviennent jusqu'au moteur via une pipe coudée. En fait, l'accélération ne se fait pas en modifiant le débit d'essence qui est constant, mais en changeant l'avance à l'allumage. Ce dernier est moderne puisque électrique par bougie avec une bobine alimentée par des piles sèches.

ROULER SUR TROIS ROUES

Contrairement à ce que l'on pourrait penser, le tricyle n'est pas très stable à cause de la disposition du moteur rejeté en arrière et l'absence de différentiel. Le vilebrequin du monocylindre entraîne deux demi-arbres via une couronne. À l'arrêt, le moteur cale et le démarrage par pédalier nécessite de pousser fort. La suspension reste rudimentaire.

FRANCE

ANNÉE DE PRODUCTION : 1902

MOTEUR : 4 T, monocylindre vertical, soup. d'admission automatique, soup. d'échapp. latérale, refr. par air

CYLINDRÉE : nc

ALÉSAGE X COURSE : nc

PUISSANCE : 1 1/4 HP

COUPLE : nc

ALIMENTATION : 1 carbu Longuemare à pulvérisation

TRANSMISSION : directe par courroie sur poulie

SUSPENSION : avant, fourche rigide ; arrière, sans

FREINS : avant, à patins sur jante ; arrière, sans

POIDS : 35 kg

VITESSE MAX. : 35 km/h

1902 TERROT N° 1

De 1890 à 1961, Terrot aura régné sans partage sur l'industrie moto de la région Côte d'Or. Au total, pas moins de 600 000 deux-roues à moteur seront sortis des chaînes de montage de la firme de Dijon. À l'instar des autres constructeurs français, Terrot conçoit aussi un très grand nombre de bicyclettes.

Le début du siècle connaît d'ailleurs un engouement incroyable pour le vélo, d'autant que de nombreux progrès ont été faits : le pneumatique, pourtant fragile, permet de rouler confortablement, le freinage se développe et la roue libre s'impose même si son utilité (comme tout ce qui est nouveau) prête encore à controverse ! En 1900, Terrot invente aussi une nouvelle chaîne « Lavigne » qu'on retrouvera sur la Motocyclette n° 1. Cette dernière n'est pas le premier engin motorisé vendu par Terrot puisque des tricycles et des quadricycles à moteur De Dion existent déjà au catalogue. La n° 1 n'est qu'un simple vélo muni d'un mono 4-temps Givaudan à soupape d'admission automatique fixé au cadre.
La transmission finale s'effectue par une simple courroie plate. Si la simplicité est de mise, c'est tout simplement parce que Terrot n'envisage pas vraiment encore de développer une gamme de motocyclettes, préférant à cette date miser sur ses bicyclettes – qui remportent effectivement un très grand succès.

CHAÎNE « LAVIGNE »

Cette superbe motocyclette a été reconstituée à partir de pièces existantes, car il ne reste probablement pas d'exemplaires parfaitement d'origine. Le mono Givaudan est adapté au cadre de vélo grâce à des colliers, comme le réservoir nickelé suspendu. L'allumage s'effectue par une pile cylindrique sous la selle. Seule la soupape d'échappement est commandée et l'échappement proprement dit est réduit à un étouffoir long de quelques centimètres. La chaîne de vélo est une chaîne « Lavigne ». Elle a la particularité de comporter des dents « épycloïdales » tournant sur des galets circulaires et rotatifs, en acier trempé.

LA PETITE REINE À MOTEUR

La Terrot n° 1 a emprunté la totalité de sa partie cycle à un vélo de la même marque. Le freinage est à double action, avec une mâchoire enserrant deux patins prenant appui sur la jante. Une solution encore retenue de nos jours, mais il existait à l'époque d'autres systèmes (frein agissant directement sur le pneu à l'avant ou à l'arrière, frein par contre-pédalage...). La commande ne s'effectue pas par câble, mais par un long levier actionnant une tringlerie. La manette visible ici sur le guidon servait à commander le carburateur. Comme on peut le voir, la selle est suspendue par un système complexe de ressorts doubles et de fil de fer tressé.

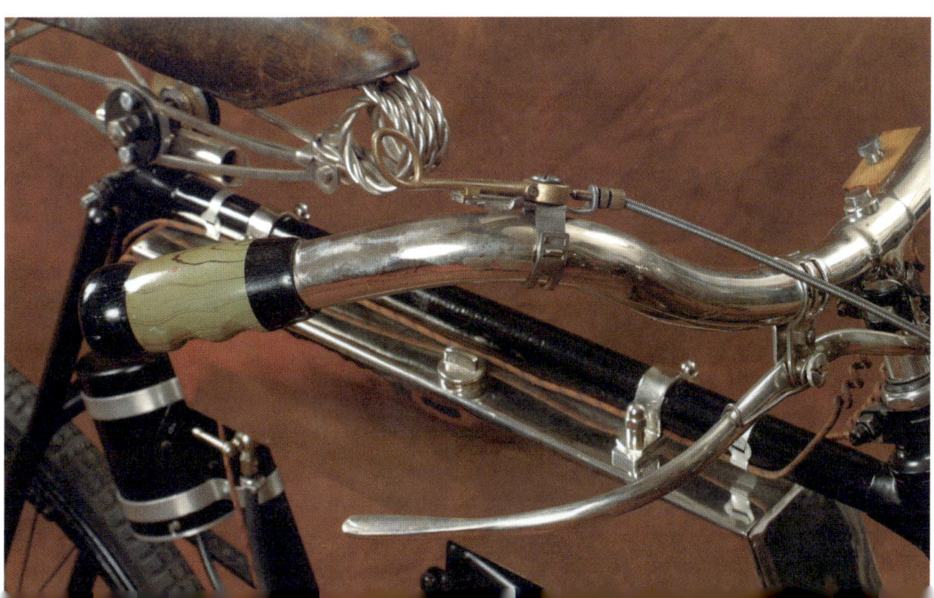

1909

FN FOUR MODÈLE 1910

Née en 1905, la FN à 4-cylindres en ligne longitudinal de type A est tout d'abord une 363 cm³ avec soupape d'admission automatique, une caractéristique qui se retrouve sur toutes les FN Four jusqu'en 1914.

En fait, à chaque millésime suivant, la machine évolue petit à petit. La cylindrée passe à 410 cm³ sur la type D de la fin de l'année 1906, tandis que pour 1910, un nouveau moteur de 496 cm³ est présenté. Cette fois, les modifications sont nettement plus nombreuses et visent non seulement à accroître les performances (nouveau carburateur), mais aussi à améliorer la fiabilité (nouvelle lubrification). En revanche, la transmission finale par arbre et cardan n'est toujours pas accolée à une boîte de vitesses et la partie cycle n'évolue guère. La machine est toujours aussi longue, conserve ses pédales et ne changera pas jusqu'en 1912, date à laquelle une nouvelle magnéto Bosch lui est accolée. Il faut attendre 1913 pour que le cadre soit enfin modifié, mais il s'agit là presque d'une autre motocyclette.

PARTIE CYCLE TYPIQUE

La partie cycle est typique de l'époque. Seule la fourche avant est suspendue par un amortisseur central et un système de biellettes. Le cadre est un simple berceau qui se dédouble autour du moteur. Il n'y a pas de frein à l'avant, mais l'arrière comporte en fait deux systèmes de freinage : l'un à bande, commandé manuellement, l'autre à mâchoire actionné par pédale au pied. Le réservoir entre-tubes en nickel renferme deux compartiments, l'un pour l'huile, l'autre pour l'essence.

NOUVELLE CYLINDRÉE

S'il conserve jusqu'en 1914 des soupapes en tête automatiques, le moteur 4-cylindres FN change radicalement en 1910 en voyant sa cylindrée augmentée à 496 cm³ par accroissement de l'alésage (52,7 mm). De plus, beaucoup d'autres modifications sont intervenues : les pipes d'échappement sont fixées désormais par deux boulons, les bougies jusque-là verticales sont montées obliquement à droite, la tubulure d'admission supporte un nouveau carburateur côté gauche, un filtre à essence est monté sous le tube de selle et tout le circuit de lubrification a été repensé avec une pompe manuelle injectant de l'huile via quatre durits externes graissant les cinq paliers de vilebrequin. Ce graissage restait toutefois à huile perdue.

ANNÉES DE PRODUCTION : 1909-1912

MOTEUR : 4 T, 4-cylindres en ligne longitudinal semi-culbuté, 1 soup. d'admiss. latérale, 1 soup. d'échapp. en tête/cyl., refr. par air

CYLINDRÉE : 496 cm³

ALÉSAGE X COURSE : 52,7 x 52 mm

PUISSANCE : 5 ch

COUPLE : nc

ALIMENTATION : 1 carbu AMAC

TRANSMISSION : directe par arbre et cardan

SUSPENSION : avant, fourche à balancier ; arrière, sans

FREINS : avant, sans ; arrière, à enroulement et à mâchoire

POIDS : 75 kg

VITESSE MAX. : 60 km/h

FRANCE

ANNÉES DE PRODUCTION : 1910-1955

MOTEUR : 4 T, bicylindre en V à 450, soup. d'admission autom., soup. d'échappement lat., refr. par air

CYLINDRÉE : 748 cm³

ALÉSAGE X COURSE : 70 x 97,7 mm

PUISSANCE : 5 ch

COUPLE : nc

ALIMENTATION : 1 carbu Longuemare

TRANSMISSION : directe par courroie

SUSPENSION : avant, fourche à parallélogramme ; arrière, sans

FREINS : avant, patins type bicyclette ; arrière, patin sur poulie-jante

POIDS : 75 kg

VITESSE MAX. : 80 km/h

1910

RENÉ GILLET 750

René Gillet devient dès le début du siècle un des spécialistes du V-Twin. Certes, il n'est pas le seul à exploiter cette architecture moteur, mais sa réputation en la matière va perdurer jusqu'après la Seconde Guerre mondiale.

LA PREMIÈRE D'UNE LONGUE SÉRIE

C'est en 1904 que la marque française de Montrouge, près de Paris, conçoit un premier 500 cm^3 bicylindre en V à 45° de 3 hp 1/2. Cette moto est secondée dans la gamme par une 750 cm^3 de 6 hp qui est dévoilée la même année, puis par une 1000 cm^3 en 1909. La 750 et la 1000 resteront au catalogue jusqu'en 1955! Le moteur de 750 cm^3 est presque achevé en 1910. Par rapport à celui de 1904, il est doté d'un allumage par une magnéto logée dans le réservoir, remplaçant l'ancien allumage par trembleur. Longue, à cause du moteur, la machine dispose aussi d'un très long guidon et la selle est rejetée loin en arrière. Elle préfigure sans aucun doute les futures machines « Grand Tourisme » de la marque chères à René Gillet.

MAGNÉTO EN HAUT

Le bicylindre en V à 45° comprend des soupapes d'admission automatiques et des soupapes d'échappement latérales. Le carburateur est entre les V et alimente le moteur via deux pipes d'admission. Les bougies sont montées horizontalement depuis 1910 et l'allumage provient d'une magnéto anglaise Ruthard qui est curieusement logée dans un compartiment à part dans le réservoir en cuivre. C'est l'arbre à cames du moteur qui entraîne cette magnéto via un couple actionné par un carré flexible tournant dans un puits.

TRANSMISSION DIRECTE

La transmission se fait directement par une courroie depuis une poulie de vilebrequin jusqu'à une poulie arrière. Aucun galet tendeur ne permet de débrayer la transmission. Ce modèle dispose d'un freinage avant par patins de bicyclette, tandis qu'à l'arrière, un patin prend appui sur la poulie-jante. Le démarrage s'effectue par pédalage.

1912

INDIAN TWIN 1000 CC

C'est à la fin de l'année 1901 que George M. Hendee et Oscar Hedström décident de s'associer pour fonder Indian Motorcycle à Springfield, dans le Massachusetts.

SUR LA ROUTE DU SUCCÈS

Hedström a déjà à son actif une moto «stayer tandem» à moteur De Dion Bouton et, dès 1902, une première machine Indian sort de l'usine. Elle est alors animée par un monocylindre de 1,75 ch, mais celui-ci, tout comme le carburateur, est fabriqué par la firme Aurora de l'Illinois. Indian rencontre dès ses débuts un certain succès, puisque 143 motos sont vendues en 1902, 377 l'année suivante et 546 en 1904.

L'année 1906 voit l'arrivée d'un premier V-Twin de 3,5 ch avec boîte de vitesses à 2 ou 3 rapports et réservoir d'essence en dos de chameau sur le garde-boue arrière. Indian commence ensuite à assembler ses propres moteurs. En 1909, les machines produites adoptent un nouveau cadre simple berceau ininterrompu, puis une suspension avant à ressorts à lames qui va devenir célèbre chez la marque de Springfield. La production explose alors (plus de 30000 exemplaires en 1911!), les administrations telle la police s'équipent des rapides Indian qui ont réussi l'exploit de traverser les États-Unis dès 1904. En 1912, c'est la consécration avec un triplé lors de la fameuse épreuve du TT de l'île de Man! Malheureusement, la joie est de courte durée: Hedström quitte la maison Indian en 1913, suivi quelques années plus tard par Hendee. La production n'en continuera pas moins avec de remarquables modèles comme la Scout pendant et après la Première Guerre mondiale.

NOMBREUSES INNOVATIONS

Pendant presque quinze ans, de 1900 à 1915, Indian est sans aucun doute une des marques les plus novatrices. Dès 1909, le cadre de type «vélo» est abandonné au profit d'un cadre entre-tubes simple berceau sous le moteur et selle surbaissée. À cette même époque apparaît la fourche avant suspendue par des ressorts à lames. Fin 1912, le modèle V-Twin bénéficie d'une grande première avec l'introduction d'une suspension arrière à lames, et propose même un démarreur électrique en option. Indian a aussi été un des premiers à inventer la commande des gaz par poignée tournante.

V-TWIN DE VAINQUEUR

C'est grâce au moteur V-Twin qu'Indian va pouvoir, dès 1905, remporter de nombreux succès en compétition. Une toute petite série de compé-client verra même le jour en 1907. Le V-Twin atteint 622, puis 1000 cm^3. Il s'agit d'un moteur très élaboré pour l'époque, à soupapes d'admission culbutées et soupapes d'échappement latérales. La disposition opposée des soupapes permet d'avoir un bon refroidissement au niveau de l'échappement, car lors de l'admission, l'air frais introduit dans la chambre de combustion refroidit efficacement la soupape évacuant les gaz brûlés. La machine est déjà équipée d'un embrayage et d'une boîte à 3 rapports, mais elle conserve ses pédales et une chaîne d'entraînement pour démarrer. La magnéto d'allumage est entraînée par une cascade de pignons. Le carburateur central alimente les deux cylindres via des pipes droites et assez courtes.

IIII ÉTATS-UNIS

ANNÉES DE PRODUCTION : 1908-1915

MOTEUR : 4 T, bicylindre en V semi-culbuté, 2 soup. d'admission culbutées/cyl., 2 soup. d'échapp. latérales/cyl., refr. par air

CYLINDRÉE : 998 cm³

ALÉSAGE X COURSE : 79 x 100 mm

PUISSANCE : 11 ch à 4 000 tr/mn

COUPLE : nc

ALIMENTATION : 1 carbu

TRANSMISSION : embr. multidisque à sec, boîte de vitesses à 3 rapp., transm. finale par chaîne

SUSPENSION : avant, fourche avec ressorts à lames ; arrière, ressorts à lames

FREINS : avant, sans ; arrière, à enroulement

POIDS : 115 kg

VITESSE MAX. : 110 km/h

IIIII GRANDE-BRETAGNE

ANNÉES DE PRODUCTION : 1915-1921

MOTEUR : 4 T, monocylindre vertical, 2 soup. lat., refr. par air

CYLINDRÉE : 547 cm³

ALÉSAGE X COURSE : 85 x 97 mm

ALIMENTATION : 1 carbu Amac de 23,6 mm

PUISSANCE : 7 ch

COUPLE : nc

TRANSMISSION : embr. à sec, boîte de vitesses séparée à 3 rapp., transm. finale par courroie

SUSPENSION : avant, à parallélogramme ; arrière, sans

FREINS : avant, patins sur jante ; arrière, par bloc de caoutchouc sur poulie

POIDS : 91 kg

VITESSE MAX. : 70 km/h

1915

TRIUMPH TYPE H

C'est en plein conflit que naît la première Triumph de grande série. La type H fait depuis figure de symbole; elle marque les débuts de l'industrie motocycliste anglaise.

Cette machine, qui apparaît dès 1915, est produite très rapidement à plusieurs milliers d'exemplaires pour l'armée britannique qui en commande 20 000 pour ses propres besoins, les Canadiens en recevant quant à eux une dizaine de milliers.

Cette moto utilise un moteur extrapolé d'un monocylindre produit par la marque dès 1905, après avoir essayé un mono Minerva d'origine belge, un JAP anglais plus puissant et enfin un Fafnir allemand. Ce moteur «trusty» (le fidèle) est alors moderne et la motocyclette bénéficie en 1906 d'une ébauche de suspension. Avec l'augmentation de la puissance et de la cylindrée à 547 cm^3 en 1914, Triumph prend une longueur d'avance et se lance dans la grande série. La série H dévolue aux militaires devient le fer de lance du constructeur: elle est équipée d'un embrayage, d'une boîte de vitesses, d'une transmission primaire par chaîne et se révèle très fiable. Sa production se poursuit après la guerre au compte-gouttes jusqu'en 1921.

SOUPAPES LATÉRALES

Les deux soupapes latérales ont des ressorts apparents. La bougie est à gauche du cylindre, l'allumage étant produit par une magnéto tout à l'avant, avec un carter estampillé Triumph. La boîte est une Sturmey-Archer, entraînée à gauche par une chaîne. Elle est ici actionnée manuellement. Le cadre est un entre-tubes avec un réservoir mixte huile/essence surmonté d'une pompe horizontale pour envoyer de l'huile dans le moteur. La transmission finale s'effectue par courroie.

LA PREMIÈRE D'UNE GRANDE SÉRIE

La Triumph type H a été construite à des milliers d'exemplaires en raison de la forte demande des militaires durant la Première Guerre mondiale. L'éclairage était encore à acétylène à l'avant comme à l'arrière, le liquide inflammable étant contenu dans des petits réservoirs cylindriques. La fourche avant disposait d'une ébauche de suspension, avec un court ressort horizontal.

FREIN À PATIN

Le freinage à l'avant était dévolu à des patins de bicyclette actionnés par le levier droit. La roue de ce modèle est munie d'un pignon pour la prise du compteur de vitesses.

1925 **MOTOBÉCANE MB1**

Grâce à l'arrivée de Marcel Violet, un des grands du moteur 2-temps, les fondateurs de la SICAM (future Motobécane) sont en mesure de proposer dès 1923 une motocyclette de 175 cm³.

Afin de réduire les coûts, la firme s'oriente vers un monocylindre 2-temps qu'elle met elle-même au point. Si les premiers modèles sortent des ateliers en 1923, la production ne démarre véritablement que l'année suivante et connaît le succès à partir de 1925. L'engin conserve encore une allure de bicyclette renforcée, mais il est intelligemment pensé et économique à l'usage, ce qui explique sa rapide popularité.
La MB1 sera ainsi produite sans grand changement jusqu'en 1929, avant de donner naissance à des modèles plus modernes à boîte de vitesses et transmission par chaîne.

MOTEUR BREVETÉ

Le monocylindre 2-temps de la MB1 est un produit maison. Les premières MB1 de 1923 et 1924 se distinguaient par un décompresseur mécanique vertical, alors qu'à partir de 1925, il est monté horizontalement à l'avant du cylindre. Derrière, logée horizontalement elle aussi, la bougie produit une étincelle grâce à une magnéto Novi entraînée par une chaîne sous carter côté droit.
Le carburateur Motobécane est alimenté par gravité via une canalisation en serpentin et il n'y a pas encore d'échappement. Le volant moteur est apparent et l'entraînement est direct, confié à une courroie trapézoïdale.

ÉBAUCHE DE SUSPENSION

La MB 1 disposait d'une fourche avant de type pendulaire avec un ressort en fil rond horizontal. Le reste de la partie cycle demeure très inspiré par celle d'une bicyclette. Le réservoir n'est même pas un entre-tubes, mais il est simplement suspendu sous l'épine dorsale du cadre. Le guidon, avec ses poignées en bois, accueillait les diverses commandes nécessaires à la bonne marche de la machine : le levier gauche commande le décompresseur, celui de droite l'unique frein arrière (par patin sur poulie-jante), tandis que les gaz étaient augmentés et réduits via une manette à droite (l'avance à l'allumage étant fixe).

ANNÉES DE PRODUCTION : 1923-1929

MOTEUR : 2 T, monocylindre vertical, refr. par air

CYLINDRÉE : 175 cm³

ALÉSAGE X COURSE : 56 x 70 mm

PUISSANCE : 2 ch à 2 400 tr/mn

COUPLE : nc

ALIMENTATION : 1 carbu Motobécane

TRANSMISSION : directe par courroie

SUSPENSION : avant, fourche pendulaire ; arrière, sans

FREINS : avant, sans ; arrière, par patin sur poulie-jante

POIDS : 38 kg

VITESSE MAX. : 40 km/h

ANNÉES DE PRODUCTION : 1921-1929

MOTEUR : 4 T, bicylindre en V à 45° semi-culbuté, soup. d'admission en tête, soup. d'échappement latérale, refr. par air

CYLINDRÉE : 1 215,96 cm³

ALÉSAGE X COURSE : 87,31 x 101,6 mm

ALIMENTATION : 1 carbu Schebler de 32 mm

PUISSANCE : 25 ch à 4 000 tr/mn

COUPLE : nc

TRANSMISSION : embr. multidisque en bain d'huile, boîte de vitesses séparée à 3 rapp., transm. finale par chaîne

SUSPENSION : avant, fourche Springer à parallélogramme ; arrière, sans

FREINS : avant, sans ; arrière, tambour simple came

POIDS : 184 kg

VITESSE MAX. : 100 km/h

1927 HARLEY-DAVIDSON F-HEAD BIG TWIN 21 JD

Après la Première Guerre mondiale, Harley-Davidson poursuit la production de ses modèles à moteur semi-culbutés.

LES SEMI-CULBUTÉS DE HARLEY

La mode est aux grosses cylindrées et, pour répondre à la demande, la firme présente en 1921 son nouveau modèle D de 74 ci (1200 cm^3) qui vient épauler les 61 ci (1000 cm^3). Une fois de plus, pour satisfaire les plus exigeants, cette gamme se décline en un modèle FD (avec un allumage par magnéto) et un modèle JD (allumage par batterie-bobine avec éclairage électrique). Les side-cars ne sont pas oubliés avec des séries dotées de différents rapports de transmission, des accessoires spéciaux, etc. Les moteurs restent des semi-culbutés, mais en 1923, il est possible d'opter pour des pistons en alliage d'aluminium. Deux ans plus tard, les 1200 sont disponibles avec un cadre surbaissé améliorant le confort, l'empattement restant toutefois inchangé (1510 mm). Dès cette époque, des dizaines d'accessoires provenant de plusieurs fournisseurs sont commercialisés afin de personnaliser et d'embellir la moto qui est alors peinte en une teinte unique vert « Brewster ».

GROS CUBE

Le bicylindre en V de la 1200 FD/JD était de type semi-culbuté avec une soupape d'admission en tête et une soupape d'échappement latérale. La soupape d'admission était ouverte par une tige externe avec un culbuteur à l'air libre. Le réservoir était échancré à droite pour ménager un espace permettant à ces culbuteurs de travailler. Le ressort de soupape non enclos est aussi bien visible. Le carburateur est en position centrale entre les cylindres et l'allumage est obtenu par batterie-bobine. La transmission primaire se fait par chaîne jusqu'à une boîte de vitesses à 3 rapports.

UNE MULTITUDE D'OPTIONS

S'adaptant à tous les budgets, cette Harley-Davidson de type JD (avec allumage par batterie-bobine et circuit électrique) a reçu un compteur de vitesses Corbin Brown, mais on pouvait préférer un compteur Johns-Manville. L'ampèremètre était lui aussi optionnel, tout comme une trousse à outils à fixer sur le réservoir (au lieu de celle de forme cylindrique sous le phare), la béquille latérale, la selle tandem ou encore le porte-bagages. Le réservoir contenait 10,40 l d'essence et presque 2 l d'huile dans deux compartiments séparés.

1927
BMW R 42

La nouvelle R 42 de 500 cm³ dévoilée en 1925, mais commercialisée à partir de 1926, reprend l'essentiel de la mythique R 32 datant de 1923.

UN SUCCÈS INTERNATIONAL

Cette machine, conçue par l'ingénieur Max Fritz, était dotée pour la première fois chez BMW d'un moteur bicylindre à plat et d'une transmission acatène: deux techniques qui allaient faire date... Deux ans plus tard, la machine passe de 486 à 494 cm³ par accroissement de l'alésage. Ce moteur est d'ailleurs retenu pour la R 37, un Flat-Twin sportif avec culasses en aluminium. Ces améliorations se retrouvent donc sur la R 42 qui remplace la R 32 dans la gamme Tourisme. La partie cycle a légèrement été retouchée et le moteur est plus puissant.
En outre, la moto est prévue d'origine pour recevoir un attelage. Bien finie, performante, la R 42 rencontre un grand succès avec un peu plus de 6500 exemplaires produits. Elle permet par ailleurs à la marque de connaître son premier grand succès à l'exportation. Elle donnera aussi naissance à un modèle plus sportif, la R 47, produite à partir de 1927.

CULASSES EN ALUMINIUM

Les culasses en aluminium avaient été présentées sur la R 37, une machine dérivée de la R 32. Toutefois, sur la R 42, elles sont différentes car elles renferment des soupapes latérales plus grosses. L'ailetage est aussi caractéristique de cette moto avec des ailettes à deux niveaux, qui sont dans le sens de la marche et non plus concentriques comme sur la R 32. Autre évolution, la transmission: elle a été renforcée au niveau de l'embrayage, les rapports de boîtes sont différents et la transmission finale par arbre comporte un graissage par l'huile de la boîte.

RÉSERVOIR TRIANGULAIRE

Le réservoir triangulaire est typique des productions BMW de l'époque, mais sur la R 42, le cadre est différent car le double berceau est dorénavant composé de tubes droits (ils sont légèrement coudés sur la R 32). Le frein arrière à patins cède sa place à un frein à mâchoires sur cardan. Un simple compteur de vitesses orne le dessus du réservoir. Déjà, à l'époque, BMW proposait de nombreuses options (éclairage, équipement électrique, side-car...).

IIIII ALLEMAGNE

ANNÉES DE PRODUCTION : 1926-1928

MOTEUR : 4 T, bicylindre à plat, 2 soup. lat./cyl., refr. par air

CYLINDRÉE : 494 cm³

ALÉSAGE X COURSE : 68 x 68 mm

PUISSANCE : 12 ch à 3 400 tr/mn

COUPLE : nc

ALIMENTATION : 1 carbu de 22 mm

TRANSMISSION : embr. monodisque à sec, boîte de vitesses à 3 rapp., transm. finale par arbre et cardan

SUSPENSION : avant, fourche à roue tirée, ressorts à lames ; arrière, sans

FREINS : avant, tambour simple came de 150 mm ; arrière, à mâchoires sur cardan

POIDS : 126 kg

VITESSE MAX. : 95 km/h

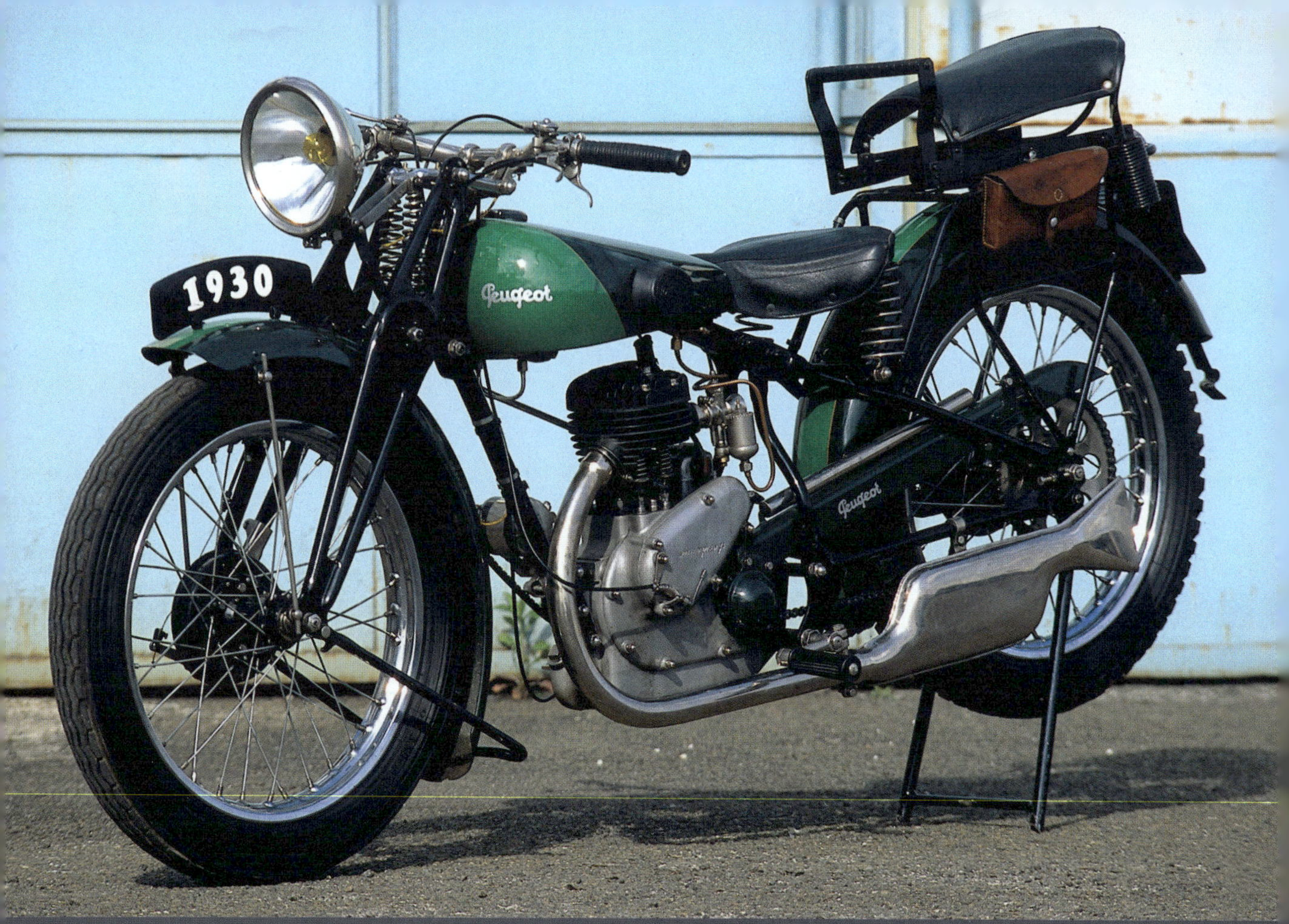

IIII FRANCE

ANNÉES DE PRODUCTION : 1928-1939

MOTEUR : 4 T, monocylindre vertical, 2 soup./lat., refr. par air

CYLINDRÉE : 248 cm³

ALÉSAGE X COURSE : 61 x 85 mm

PUISSANCE : 5 ch

COUPLE : nc

ALIMENTATION : 1 carbu Zenith

TRANSMISSION : embr. à cône, boîte de vitesses à 3 rapp., transm. finale par chaîne

SUSPENSIONS : avant, fourche à parallélogramme ; arrière, sans

FREINS : avant, tambour latéral simple came de 130 mm ; arrière, tambour simple came de 130 mm

POIDS : 110 kg

VITESSE MAX. : 80 km/h

1930

PEUGEOT P 108

La P 108, au même titre que ses sœurs de cylindrée supérieure P 111 et P 112, est une machine typique de l'entre-deux-guerres.

Utilitaires avant tout, ces motos étaient d'usage quotidien, servant de moyen de locomotion pour les trajets « boulot-dodo », à une époque où la voiture était encore loin d'être populaire. Chez Peugeot, le renouvellement de la gamme de motocyclettes débute en 1927, un an après la création de la Société des Cycles Peugeot, un département indépendant de l'automobile et de l'outillage. La nouvelle P 104, une 350 cm³, est la première moto à monocylindre latéral avec graissage sous pression. Elle conserve son réservoir entre-tubes jusqu'à l'arrivée, en 1928, de la P 107, plus moderne. Cette dernière est épaulée par la P 108 de 250 cm³, qui connaîtra un grand succès jusqu'à la veille de la Seconde Guerre mondiale. À partir de 1934, la P 108 standard est remplacée par les P 108 S et L, plus luxueuses, avant que la P 108 AT « Économique » ne fasse son apparition. Enfin, en 1937 apparaissent les P 108 AP et AL avec un nouvel habillage.

MONO BESOGNEUX

Le monocylindre de la P 108 est un 248 cm³ à soupapes latérales avec boîte de vitesses intégrée. Celle-ci était originellement commandée manuellement sur la première P 108, mais à partir de 1930, la commande rejoint le réservoir. La lubrification se fait par carter humide avec une pompe à engrenages. L'allumage par magnéto est reporté derrière le cylindre, entraîné par une chaîne. La dynamo est quant à elle à l'avant, actionnée par une courroie crantée avec une poulie en bout de vilebrequin. Ce bloc moteur est sans surprise, remplissant efficacement son rôle.

FOURCHE EN TUBES

La P 108 disposait dès sa présentation en 1928 d'une fourche à parallélogramme en tubes qui sera remplacée en 1932 par une fourche en tôle emboutie comme sur la P 111, une 350 cm³ apparue en 1931. Deux ressorts à boudins assurent la suspension sur cette fourche. Le cadre est un simple berceau interrompu en acier avec une épine dorsale se prolongeant vers l'arrière. La moto était freinée par deux tambours latéraux. L'équipement comprend un gros phare dont l'éclairage est assuré par une dynamo.

IIIII ITALIE

ANNÉES DE PRODUCTION : 1928-1930

MOTEUR : 4 T, monocylindre à plat semi-culbuté, soup. d'admission latérale, soup. d'échapp. culbutée, refr. par air

CYLINDRÉE : 498,4 cm³

ALÉSAGE X COURSE : 88 x 82 mm

PUISSANCE : 11,2 ch à 3 800 tr/mn

COUPLE : nc

ALIMENTATION : 1 carbu Dell'Orto

TRANSMISSION : embr. multidisque en bain d'huile, boîte de vitesses à 3 rapp., transm. finale par chaîne

SUSPENSION : avant, à parallélogramme ; arrière, sans

FREINS : avant, tambour simple came de 177 mm ; arrière, tambour simple came de 200 mm

POIDS : 150 kg

VITESSE MAX. : 100 km/h

1930
MOTO GUZZI SPORT 14

Dès ses débuts en 1921, Moto Guzzi produit des machines faisant preuve d'un tempérament sportif.

Grâce à un monocylindre particulièrement avant-gardiste (un des premiers culbutés à 4 soupapes!), Carlo Guzzi frappe fort. Deux ans plus tard apparaît la première Sport. Il s'agit de la Sport 13 à moteur semi-culbuté développant 13 chevaux. Certes, les machines suivantes seront plus sages, mais en 1925, une nouvelle quatre-soupapes – la C4V – tient la dragée haute aux concurrentes britanniques. Moto Guzzi devient la fierté du sport motocycliste italien. En 1927, le frère de Carlo Guzzi, Giuseppe, met au point une suspension arrière Cantilever avec ressorts travaillant sous le moteur. Ainsi équipée, la Gran Turismo Norge (GT) est une fois de plus très en avance sur son temps, mais ne rencontre malheureusement pas de succès. C'est pourquoi Guzzi est revenu à un cadre rigide plus classique au moment de sa présentation de la Sport 14 fin 1928. En revanche, le moteur semi-culbuté issu de la GT a été, dans ses grandes lignes, conservé tel quel. Contrairement à la GT, la Sport 14 va connaître une très large diffusion (4285 exemplaires) et, selon les connaisseurs, elle était en son temps une des plus fiables motos jamais construites.

CADRE SURBAISSÉ

Grâce à son moteur horizontal qui lui donnait un centre de gravité au ras du sol, la Sport 14 était très bien équilibrée, même si sa garde au sol était faible. Le réservoir est encore de type entre-tubes avec un coffre à outils sur le dessus. En dessous, on remarque le bouchon de remplissage du réservoir d'huile qu'il fallait fréquemment remplir car, si la consommation d'essence était assez faible (de 4 à 5 litres aux 100 km), celle d'huile atteignait 0,25 l (la lubrification s'effectuant « à huile perdue »). La commande de la boîte, d'une sélection très lente, se faisait par levier à droite du réservoir.

SOUPAPE D'ÉCHAPPEMENT COMMANDÉE

Le moteur est un semi-culbuté avec soupape d'échappement commandée et soupape d'admission latérale. Cette disposition a été intelligemment choisie car, l'échappement étant le point chaud du moteur, il est on ne peut mieux refroidi par le flux d'air circulant autour du cylindre horizontal. Compact, ce mono aux larges ailettes comprend une curieuse bielle cylindrique creuse propre à la Sport 14. Un gros ressort en épingle ramène la soupape d'échappement sur son siège. La soupape d'admission comprend quant à elle un ressort concentrique. Toutes deux sont actionnées via des basculeurs par un unique arbre à cames. Côté gauche, on note le lourd volant d'inertie extérieur « coupe-jambon », le carburateur et le coude de l'échappement passant sous le moteur.

2

LES ANNÉES 1930-1960

L'ÂGE D'OR

1931

NSU 301 TS

Dès la seconde moitié des années 1930, la firme NSU est riche d'une gamme variée. L'apparition du bloc-moteur permet de développer une série de machines latérales largement diffusées.

Ce sont d'abord les 201 T, 251 T et 301 T, complétées ensuite par des machines identiques, mais de type 201 TS, 251 TS, 301 TS, et enfin une nouvelle 351 TS.

La lettre « T » désigne toujours le terme « Tourisme », ce qui évoque clairement la vocation de la machine, tandis que la « S » se réfère à « Satteltank » ou « réservoir en selle », une nouveauté apparue en 1930. La 301 TS ne restera qu'une seule année au catalogue NSU, vite éclipsée par la 351 TS à la partie cycle identique, plus puissante, mais vendue presque au même prix. En revanche, la 301 TS aura été produite à environ 9100 exemplaires (en tenant compte des chiffres de la 301 T commercialisée de 1929 à 1930). Un véritable best-seller pour l'époque; à comparer avec la poignée de 351 TS construites (seulement 675 modèles en deux ans!). Machine fiable et robuste, la NSU à bloc-moteur latéral était en quelque sorte la « bonne à tout faire » de l'autre côté du Rhin.

UN CADRE POUR LE MOTEUR

Le cadre est de type double berceau ininterrompu avec une entretoise basse sur laquelle vient se reposer le bloc-moteur. La fourche est en tôle emboutie et l'éclairage était fourni de série sur cette machine. On remarquera que si la commande de boîte est au réservoir côté droit, comme il était d'usage à l'époque, la tringlerie de commande est à gauche, nécessitant de fait un renvoi sous le réservoir.

CONCEPTION BLOC-MOTEUR

Le mono culbuté de la NSU était de conception bloc-moteur avec une boîte de vitesses à 3 rapports intégrée. Les carters étaient en aluminium (contrairement à l'ensemble cylindre/culasse en fonte) et l'on notera quelques petits plus: par exemple, des plaques pare-chaleur sur la culasse et le tube d'échappement. Le kick est du côté gauche, logé sous un imposant carter « tout alu » qui sert aussi pour l'entraînement de l'allumage par magnéto Bosch. Les soupapes sont situées dans des colonnettes et entièrement closes. Le réservoir d'huile était intégré au carter moteur inférieur, mais il fallait tout de même régulièrement faire l'appoint car le moteur consommait environ 1 l d'huile tous les 400 km.

IIIII ALLEMAGNE

ANNÉES DE PRODUCTION : 1930-1931

MOTEUR : 4 T, monocylindre vertical culbuté, 2 soup./cyl., refr. par air

CYLINDRÉE : 298 cm³

ALÉSAGE X COURSE : 66 x 88 mm

PUISSANCE : 7 ch à 4 600 tr/mn

COUPLE : nc

ALIMENTATION : 1 carbu Amac

TRANSMISSION : embr. multidisque en bain d'huile, boîte de vitesses à 3 rapp., transm. finale par chaîne

SUSPENSION : avant, fourche à parallélogramme ; arrière, sans

FREINS : avant, tambour simple came ; arrière, tambour simple came

POIDS : 130 kg

VITESSE MAX. : 85 km/h

IIIII FRANCE

ANNÉES DE PRODUCTION : 1929-1934

MOTEUR : 4 T, monocylindre culbuté, 2 soup./cyl, refr. par air

CYLINDRÉE : 488 cm^3

ALÉSAGE X COURSE : 85 x 88 mm

PUISSANCE : 12 ch à 2800 tr/mn

COUPLE : nc

ALIMENTATION : 1 carbu Amac

TRANSMISSION : embr. multidisque à sec, boîte de vitesses séparée à 3 rapp., transm. finale par chaîne

SUSPENSION : avant, fourche à parallélogramme ; arrière, sans

FREINS : avant, tambour latéral simple came de 160 mm ; arrière, tambour latéral simple came de 160 mm

POIDS : 135 kg

VITESSE MAX. : 100 km/h

1932
GNOME ET RHÔNE D3

La marque française Gnome et Rhône est une véritable institution au lendemain de la Première Guerre mondiale. Ses moteurs d'avions, fiables et puissants, lui ont valu une renommée internationale, mais après 1918, les commandes militaires sont en chute libre et c'est vers la construction de motos que la firme se tourne.

Une première série de machines latérales de 500 cm^3, les types C et les types D, voit le jour mais, pour contrer une concurrence de plus en plus agressive, Gnome et Rhône conçoit de performantes machines culbutées, les D2 et les D4.
À partir de ces dernières, une nouvelle latérale de 500 cm^3 va faire son apparition en 1929, la D3. Cette moto développe une douzaine de chevaux, ce qui est suffisant pour en faire un bon cheval de trait une fois attelée et, dès 1931, la marque proposera un attelage « Touriste standard » monté en usine.

BON GROS MONO

Par rapport au modèle D produit de 1925 à 1928 (aussi une 500 latérale), la D3 se distingue par son bas moteur identique à celui de la D4 culbutée. Le vilebrequin tourne sur des roulements à billes, mais la bielle est montée sur rouleaux. La culasse largement ailetée est borgne. Pour assurer la lubrification, une pompe externe mécanique envoie de l'huile perdue sous pression, mais une pompe manuelle renforce le graissage. La D3 était équipée d'un éclairage électrique, la mise sous tension provenant d'une Dynamo Marchal ou Lucas.

SANG ET OR

Comme celle de la D4, la décoration de la D3 comportait une peinture émaillée rouge et noir rehaussée de filets or; seules fantaisies, car tout le reste de la moto était peint en noir. Le logo Gnome et Rhône représentait un moteur d'avion radial encadré par deux ailes, la marque étant, avec Hispano-Suiza, un des producteurs majeurs de moteurs d'avions. Après 1945, Gnome et Rhône sera nationalisé pour devenir la Snecma.

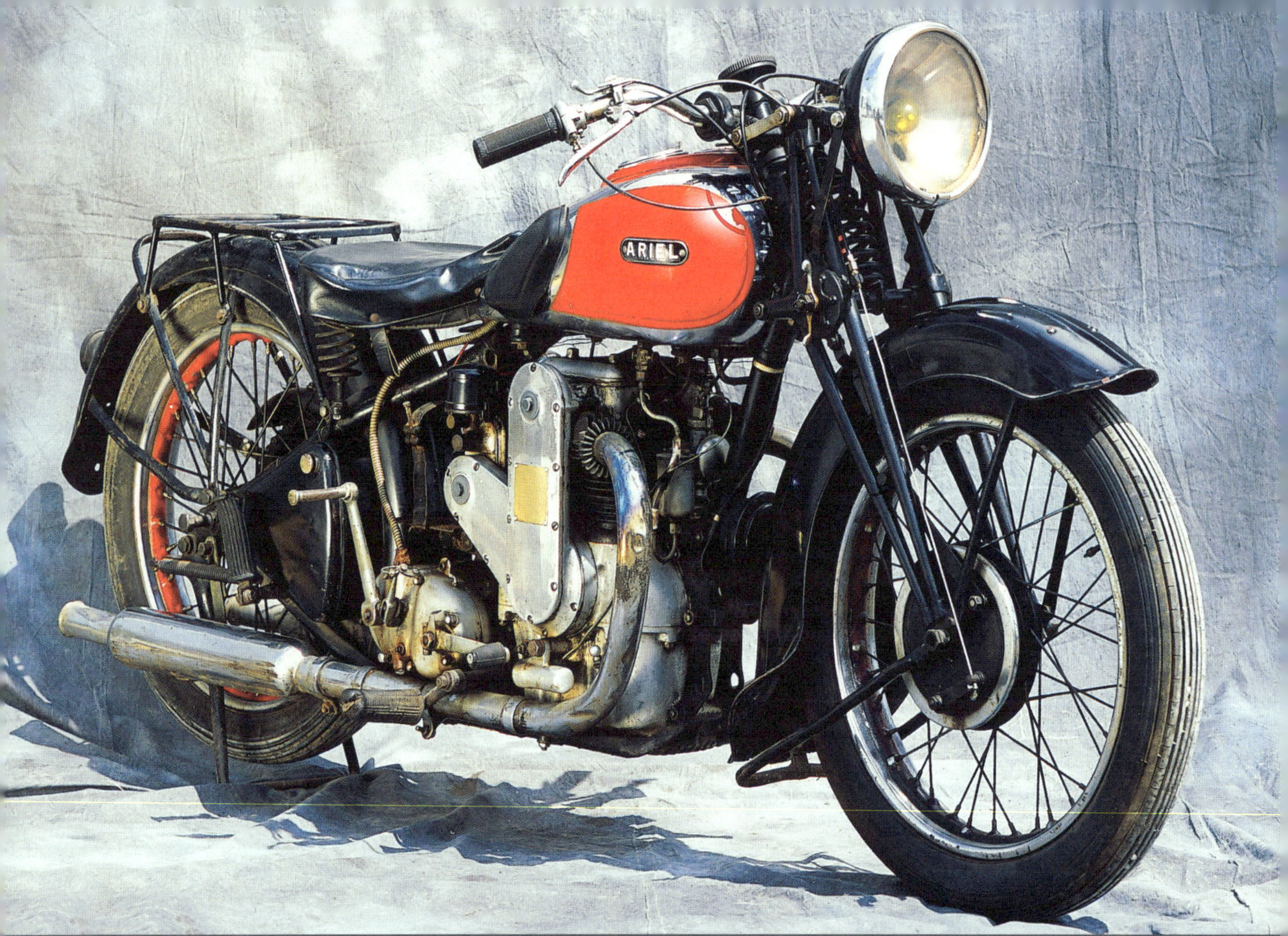

GRANDE-BRETAGNE

ANNÉES DE PRODUCTION : 1932-1936

MOTEUR : 4 T, 4-cylindres en carré, 1 ACT, 2 soup./cyl., refr. par air

CYLINDRÉE : 600 cm^3

ALÉSAGE X COURSE : 50,4 x 75 mm

PUISSANCE : 28 ch à 5 800 tr/mn

COUPLE : nc

ALIMENTATION : 1 carbu Solex

TRANSMISSION : embrayage multidisque à sec, boîte de vitesses séparée à 4 rapp., transm. finale par chaîne

SUSPENSION : avant, fourche à parallélogramme ; arrière, sans

FREINS : avant, tambour simple came de 220 mm ; arrière, tambour simple came de 220 mm

POIDS : 180 kg

VITESSE MAX. : 140 km/h

1933

ARIEL 4F SQUARE FOUR 600

La gamme des 4-cylindres Ariel est on ne peut plus prolifique et, le moins que l'on puisse dire, c'est que ces machines auront une durée de vie assez exceptionnelle, malgré, il faut bien l'avouer, des performances médiocres et des faiblesses moteur chroniques.

Tout commence en 1930 avec une 500 cm³ à 4 cylindres au carré et arbre à cames en tête dessiné par Edward Turner. Si le moteur est original, il arrive en pleine récession économique et sa cylindrée un peu faible n'en fait pas une monture idéale pour la traction d'un side-car. En 1932, Ariel revoit sa copie avec une 600 cm³ toujours à 4 cylindres, mais caractérisée par un moteur nettement plus fiable de type culbuté (il existe toutefois aussi une version à arbre à cames en tête). Avec ses deux vilebrequins accouplés par engrenages, ce Four peu commun souffrit d'un mauvais refroidissement des cylindres arrière. En revanche, le moteur faisait preuve de bonne volonté et d'une souplesse remarquable, surtout à une époque où l'on ne jurait que par les monocylindres. La 4F Square Four connut pourtant dans sa version 600 cm³ une carrière plus courte que les grosses 1000 culbutées commercialisées dès 1935 et qui ont retenu l'attention jusqu'au milieu des années 1950.

MOTEUR ÉTOUFFÉ

Le 4-cylindres des Ariel présente la particularité d'être au carré, avec deux bicylindres l'un derrière l'autre. Il n'y a que deux sorties d'échappement, car les chambres de combustion en tandem aboutissent dans le même conduit. Tout à l'avant, l'unique carburateur avait bien du mal à alimenter ce moteur. De fait, les performances étaient assez faibles, eu égard à la cylindrée, même si la machine faisait preuve de souplesse. Cette 600 à cylindres en fonte comportait une distribution par simple arbre à cames en tête qui n'apportait pas grand-chose, tant et si bien qu'Ariel en revint à la distribution culbutée sur sa 1000 cm³.

RÉSERVOIR TABLEAU DE BORD !

Comme sur les Harley-Davidson, Ariel avait opté pour un gros réservoir supportant un compteur de vitesses Smith avec deux totalisateurs et un ampèremètre. Le bouchon de remplissage de l'essence est à gauche. La colonne de direction est surmontée de l'indispensable frein de direction. Malgré tout, l'Ariel tenait assez mal la route et son poids handicapait les performances.

1934
HARLEY-DAVIDSON VLD 74

La nouvelle gamme V dévoilée en 1930 par Harley-Davidson est plus une évolution qu'une révolution, même si la célèbre firme de Milwaukee n'hésite pas à clamer que le lancement de la série V est « le plus grand événement de l'industrie motocycliste ».

Succédant à la série J, la série V est une imposante cylindrée de 1208 cm^3, mais la distribution est désormais latérale au lieu de présenter une soupape d'admission en tête et une soupape d'échappement latérale. Ce Big Twin n'est toutefois pas le premier puisque le moteur avait déjà été présenté en 1921 sur les séries JD et FD, avant que les JDH ne reçoivent en 1928 les fameux deux arbres à cames qui leur valaient leur surnom de « Two Cams Big Twins ». En fait, outre la distribution, les V disposent d'un haut moteur plus moderne, avec différents pistons: les V et VS (prévues pour être attelées à un side-car) présentent ainsi un faible taux de compression, tandis que les VL et VLD, apparues en 1933 et 1934, sont des modèles sportifs techniquement plus aboutis. Malgré ces retouches successives, la série V, alourdie au fil des ans par de multiples accessoires, fut rapidement éclipsée par l'arrivée en 1936 du moteur Knucklehead.

BREVET RICARDO

Le moteur reste un inévitable V-Twin à soupapes latérales, mais sur la VLD, le haut moteur faisait appel à des culasses détachables dessinées par Harry Ricardo, un ingénieur britannique célèbre dont le travail sur la combustion du mélange est aujourd'hui universellement reconnu. Les pistons étaient en magnésium avec quatre soupapes, chacune commandée par une came. En revanche, la lubrification à huile perdue était toujours d'actualité et il faut attendre 1937 pour qu'une circulation d'huile en circuit fermé soit proposée. Depuis 1932, les V sont alimentées par un carburateur Schebler de Luxe logé entre les cylindres. L'allumage se fait par batterie-bobine, mais les modèles VM et VLM recevaient un allumage par magnéto.

ACCESSOIRES À FOISON

Les VLD étaient des machines relativement luxueuses, proposées d'origine dans cette teinte kaki rehaussée de filets. L'équipement comprenait un compteur de vitesses mécanique sur le réservoir, un ampèremètre et un contacteur pour le phare électrique John Brown à verre plat. L'huile moteur, contenue à gauche dans le réservoir, était injectée grâce à une tirette. Le levier de vitesses manuel est ici orné d'un pommeau en forme de dé qui n'est évidemment pas d'origine. La transmission primaire s'opérait par chaîne duplex et la transmission finale par une chaîne simple.

IIII ÉTATS-UNIS

ANNÉES DE PRODUCTION: 1934-1936

MOTEUR: 4 T, bicylindre en V à 45°, 2 soup./cyl. lat., refr. par air

CYLINDRÉE: 1208 cm³

ALÉSAGE X COURSE: 86,9 x 101,6 mm

PUISSANCE: 35 ch à 3000 tr/mn

COUPLE: nc

ALIMENTATION: 1 carbu Schebler de 32 mm

TRANSMISSION: embr. multidisque en bain d'huile, boîte de vitesses séparée à 3 rapp., transm. finale par chaîne

SUSPENSION: avant, fourche à parallélogramme ; arrière, sans

FREINS: avant, tambour simple came ; arrière, tambour simple came

POIDS: 240 kg

VITESSE MAX.: 130 km/h

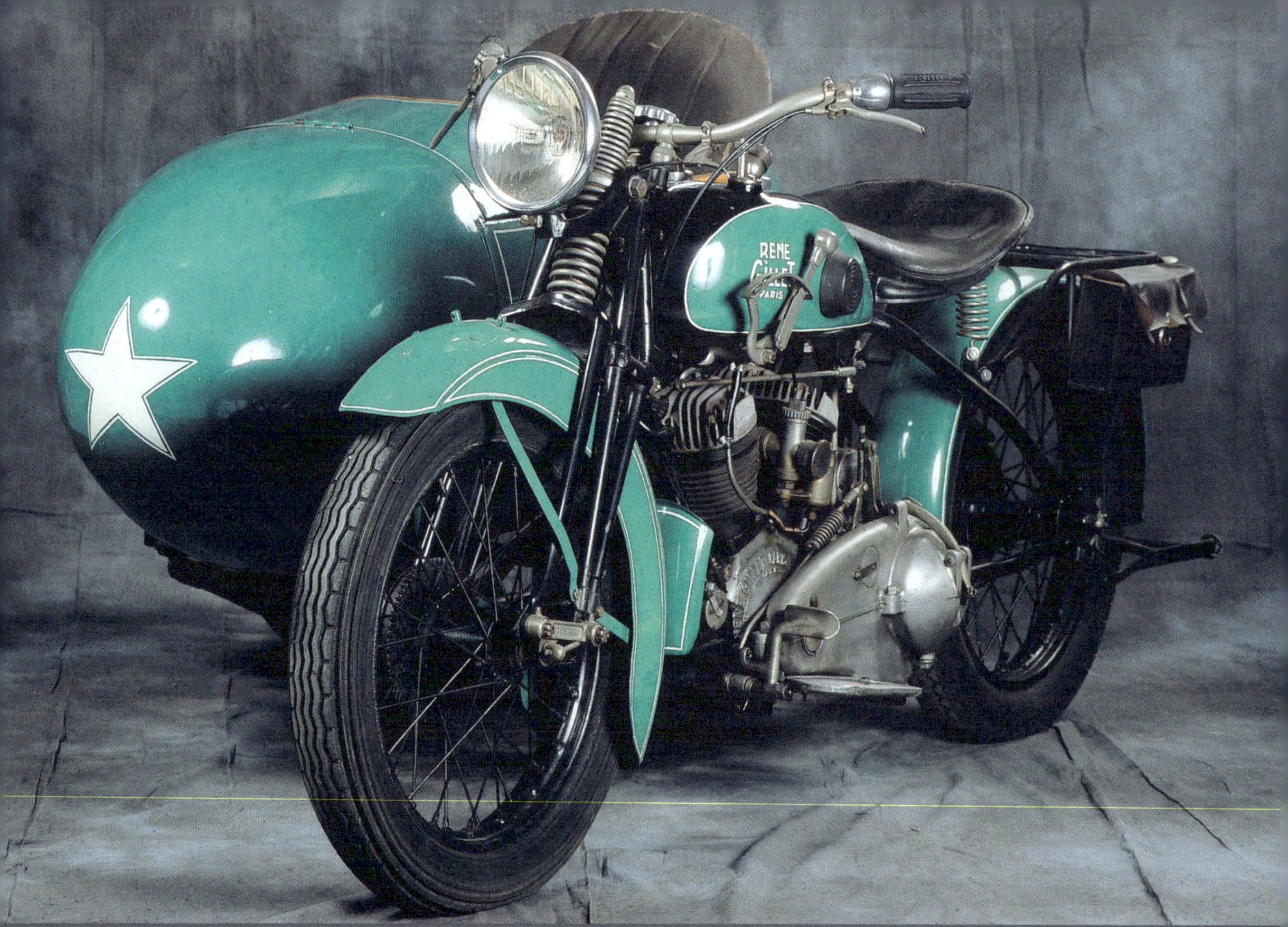

FRANCE

ANNÉES DE PRODUCTION : 1928-1954

MOTEUR : 4 T, bicylindre en V à 45°, 2 soup. lat./cyl., refr. par air

CYLINDRÉE : 982 cm³

ALÉSAGE X COURSE : 80 x 97,7 mm

PUISSANCE : 16 ch à 2 100 tr/mn

COUPLE : nc

ALIMENTATION : 1 carbu Amac

TRANSMISSION : embr. multidisque en bain d'huile, boîte de vitesses séparée à 3 rapp., transm. finale par chaîne

SUSPENSION : avant, fourche à parallélogramme à roue poussée ; arrière, sans

FREINS : avant, tambour simple came ; arrière, tambour simple came

POIDS : 185 kg (solo)

VITESSE MAX. : 120 km/h (solo)

1935

RENÉ GILLET 1000J

Avec ses grosses 750 et 1000 cm³ bicylindres à soupapes latérales, René Gillet s'est positionné comme un constructeur incontournable de l'attelage moto.

Ces imposantes motos à la carrière exceptionnellement longue auront été les «berlines» à deux roues françaises. La 1000J, à l'instar de la 750G, n'aura quant à elle connu que très peu d'évolutions.

Apparue en 1928 en même temps que la mode du réservoir en selle, la René Gillet sera commercialisée sans gros changements jusqu'à ce que la marque disparaisse au milieu des années 1950. Toutefois, les quelques améliorations apportées seront appréciées car les 1000J sont des machines fiables et endurantes. Au milieu des années 1930, la 1000 reste le fleuron de la marque et elle est proposée avec de nombreuses options. En 1937, une version 1000 Police est présentée, capable d'atteindre les 150 km/h grâce à des bielles plus longues et des pistons en aluminium. Ces modifications toucheront également l'ensemble de la gamme.

MOTEUR CLASSIQUE

Le moteur en V de la René Gillet 1000J est un moteur classique à soupapes latérales. Ce Twin s'est contenté d'adopter des culasses en aluminium en 1932 et un embrayage avec ressorts «décolleurs» facilitant leur mise en fonction à froid. L'année 1934 voit l'apparition d'une boîte à 4 rapports en option. L'unique carburateur est au centre du V et déborde largement du moteur. Un gros carter en deux parties protège la transmission primaire.

TAILLÉE POUR TRACTER

Les René Gillet étaient si inévitablement associées à un side que rares étaient les modèles solo. Elles furent même à l'origine d'une modification du code de la route français qui autorisa le transport de 4 personnes au maximum sur un attelage. Le panier comprend un portillon et un tableau avant s'ouvrant pour faciliter l'accès, ainsi que d'un petit coffre arrière. Il est aussi doté d'une suspension, ce qui n'est pas le cas du train arrière de la moto. Pourtant, il existait sur les modèles René Gillet 1000 J1 une suspension primitive.

1936

BSA Y13

La Bristish Small Arms de Birmingham naît en plein cœur d'une vaste région industrielle anglaise et, guerres napoléoniennes obligent, elle se spécialise dans un premier temps dans l'armement léger.

Dès 1880, BSA produit des bicyclettes puis, avec l'essor du moteur thermique, le deux-roues motorisé devient une activité majeure. La société fournit ainsi un grand nombre de motocyclettes à l'armée britannique.
BSA a en effet la réputation de fabriquer des machines fiables, certes peu performantes par rapport à la concurrence, mais qui font preuve de bonne volonté dans les pires conditions. La gamme est essentiellement composée de monocylindres, mais quelques bicylindres plus prestigieux vont aussi être proposés, surtout pour les utilisateurs de side-cars. Ainsi, une 770 à soupapes latérales voit le jour et évolue ensuite dans une version de 986 cm³. Dans le même temps, pour faire face, une fois de plus, à une demande militaire, une bicylindre de 500 cm³ culbutée est lancée. Celle-ci donne naissance en 1933 à un modèle civil, la J11, qui devient la J12 en 1935. L'année suivante, l'Y13 s'affiche avec une cylindrée de 750 cm³. Certes, il s'agit d'une très belle machine, mais elle est horriblement chère ! D'ailleurs, elle est retirée des ventes dès 1938, BSA décidant alors de se consacrer à ses monos militaires (les M20) puis, dans l'après-guerre, à de nouveaux monos et Twins d'un tout autre genre.

JOLI TWIN

Le V-Twin de la BSA Y13 est une version agrandie de celui de la J12 de 500 cm³. La distribution culbutée comprend deux tiges de culbuteurs actionnées chacune par un arbre à cames. Les culbuteurs sont semi-enclos grâce à des boîtiers en aluminium, mais les soupapes ont des ressorts concentriques à l'air libre. La lubrification est soignée avec un graissage par carter sec et deux pompes à engrenages. L'huile est amenée en haut du moteur par des petites conduites extérieures. Elle retombe ensuite par gravité dans le carter inférieur avant d'être refoulée dans le réservoir sous la selle. La carburation est assurée par un carburateur Amal et l'allumage s'effectue via une magnéto à l'avant, protégée par une plaque entre les deux tubes du cadre.

BIEN ÉQUIPÉE

Le tableau de bord comprend ici un compteur de vitesses avec totalisateur en option sur le guidon, tandis que le réservoir supporte deux contacteurs et deux cadrans (pression d'huile et ampèremètre). En outre, l'électricité en 6 volts provenant de la magnéto Lucas alimentait aussi un avertisseur sonore et un gros phare. Le réservoir chromé rehaussé de flancs verts cache la colonne de direction qui est renforcée et prééquipée pour recevoir une entretoise afin d'atteler un side. Pour répondre à cet usage, les roues étaient interchangeables. La fourche avec amortisseur central comportait, comme on peut le voir, un frein de direction.

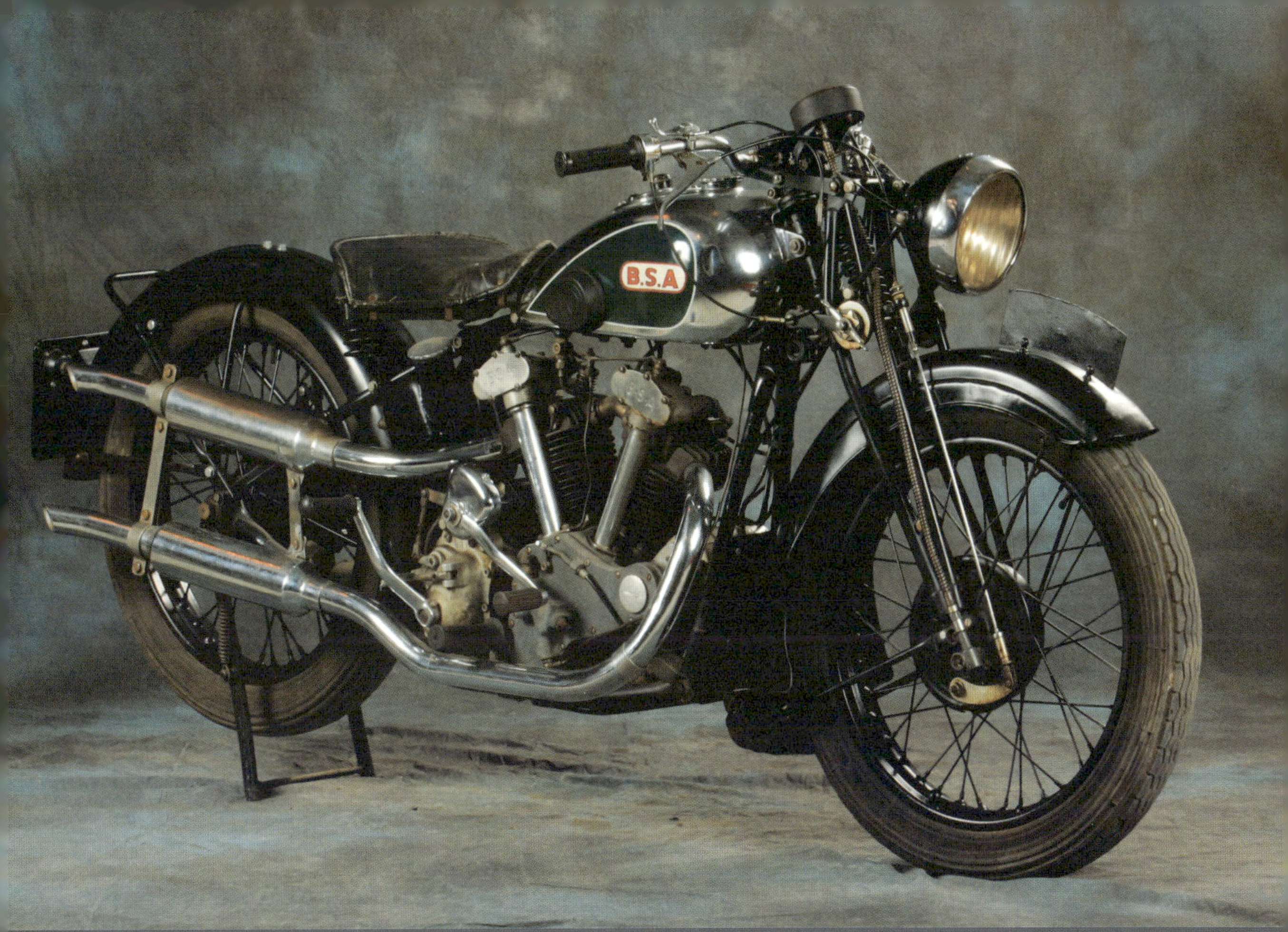

IIIII GRANDE-BRETAGNE

ANNÉES DE PRODUCTION : 1936-1938

MOTEUR : 4 T, bicylindre en V culbuté, 2 soup./cyl., refr. par air

CYLINDRÉE : 748 cm³

ALÉSAGE X COURSE : 71 x 94,5 mm

PUISSANCE : 30 ch à 4 600 tr/mn

COUPLE : nc

ALIMENTATION : 1 carbu Amal

TRANSMISSION : embr. à sec, boîte de vitesses séparée à 4 rapp., transm. finale par chaîne

SUSPENSION : avant, fourche à parallélogramme ; arrière, sans

FREINS : avant, tambour simple came de 178 mm ; arrière, tambour simple came de 178 mm

POIDS : 184 kg

VITESSE MAX. : 140 km/h

IIII ITALIE

ANNÉES DE PRODUCTION: 1935-1939

MOTEUR: 4 T, monocylindre à plat culbuté, 2 soup./cyl., refr. par air

CYLINDRÉE: 499 cm³

ALÉSAGE X COURSE: 88 x 82 mm

PUISSANCE: 18 ch à 4 300 tr/mn

COUPLE: nc

ALIMENTATION: 1 carbu Amal de 27 mm

TRANSMISSION: embr. multidisque en bain d'huile, boîte de vitesses à 4 rapp., transm. finale par chaîne

SUSPENSION: avant, fourche à parallélogramme; arrière, sans

FREINS: avant, tambour latéral simple came; arrière, tambour latéral simple came

POIDS: 160 kg

VITESSE MAX.: 130 km/h

1936
MOTO GUZZI V 500

La V 500 à moteur culbuté permit à la marque italienne d'asseoir sa réputation dans la catégorie des grosses cylindrées. Jusque-là, Moto Guzzi avait réussi à se faire connaître en compétition avec une série extraordinaire de motos à 4 cylindres suralimentés (la Quattro Cilindri 500), à 3 cylindres (la Tre Cilindri) ou à 2 cylindres en V (la Bicilindrica).

Curieusement, les 500 cm³ de grande production ne connurent que tardivement l'arrivée du moteur culbuté. En effet, prudemment, Moto Guzzi adopte le mono horizontal à soupapes en tête d'abord sur les P 175 et les P 250, deux motos très réussies. La première 500 culbutée fait son apparition durant l'année 1934. Il s'agit de la V 500 développant 18 ch, suivie par la GTV (avec suspension arrière). Mais à cette époque, le monde des motards reste relativement conservateur et des machines semi-culbutées comme la S 500 sont toujours construites. Même si la V 500 connaîtra une production somme toute réduite, elle donne naissance à toute une lignée de machines comme la W 500 (22 ch) et ses dérivées avec suspension (GTW) qui seront produites jusqu'au lendemain de la Seconde Guerre mondiale.

UN GRAND CLASSIQUE

Avec ses carters un peu torturés, le monocylindre horizontal de la V 500 était très bien pensé. Il reprenait l'essentiel du moteur de la P 175 avec 2 soupapes en tête culbutées ramenées par des ressorts en épingles et un double échappement. Les carters sont en aluminium, mais le cylindre reste en fonte. La transmission primaire hélicoïdale, le gros volant d'inertie de 280 mm et l'allumage par magnéto Bosch à avance manuelle sont caractéristiques de la plupart des Moto Guzzi de l'époque. Sur la V 500, on trouve toutefois une boîte de vitesses à 4 rapports désormais commandée au pied par un sélecteur à double branche.

CADRE RIGIDE

Contrairement à celui de la GTV, le cadre de la V 500 est rigide en sa partie arrière. Comme sur toutes les Moto Guzzi de l'époque, la finition était exemplaire. La selle passager, fixée sur le porte-bagages et munie de ressorts à l'arrière, était en option. Le cadre était identique sur les V 500 culbutées et les S 500 semi-culbutées, avec un empattement de 1400 mm, des platines rigidifiant les tubes avec le moteur et une fourche à parallélogramme dotée d'amortisseurs à friction. Les roues à rayons de 19 pouces étaient aussi les mêmes. La V 500 inaugura également un nouveau réservoir, des sacoches à outils en tôle et de nouveaux garde-boue.

1939

GILERA VTSA OTTO BULLONI

Née quelque temps après le vingtième siècle, Gilera devient très vite une des marques les plus reconnues en compétition.

Les premières 500 latérales sont suivies dans les années 1930 par une série de machines monocylindres à soupapes en tête qui vont se tailler une réputation internationale. Entre 1924 et 1930, Gilera produit quelques machines de course culbutées, mais elles ne seront jamais produites en série. Grâce au travail mené par l'ingénieur Mario Mellone, les soupapes en tête vont se généraliser. Il conçoit en 1933 une culasse à trois soupapes (deux d'admission et une d'échappement) avant de revenir en 1934 à une classique deux soupapes. Ce moteur, baptisé VT, entre en production en 1935 et donne naissance à la 500 Quattro Bulloni, puis à la Otto Bulloni, toutes deux ainsi surnommées à cause du nombre de boulons fixant les carters moteur. La Otto Bulloni connaîtra elle aussi un grand succès en compétition dans sa version VTE Grand Sport, mais une fois de plus, la guerre met un terme à son développement. Quelques exemplaires reprirent toutefois du service après l'armistice, notamment lors de courses de dirt tracks.

UN VAILLANT MONO

Le moteur retient une architecture classique avec deux soupapes présentant un angle de 70° et un seul échappement. La lubrification se fait par carter humide, ce dernier étant particulièrement imposant. Le boîtier de culbuteur est en aluminium, mais le cylindre est encore en fonte. La boîte de vitesses à 4 rapports est séparée et l'allumage s'opère par magnéto. Cette magnéto, ainsi que la dynamo, est montée à l'avant du monocylindre.

SUSPENSION À L'HORIZONTALE

La moto opte à l'avant pour une fourche à parallélogramme avec amortisseurs à friction, mais contrairement à beaucoup de machines d'avant guerre, l'arrière n'est pas rigide. Une suspension originale est en effet montée de série. Elle comprend un bras oscillant et des éléments oscillants avec deux ressorts et des amortisseurs à friction qui travaillent horizontalement. La VTSA présentée ici emmène un side-car, les motos de 500 cm^3 culbutées et latérales d'avant-guerre étant particulièrement appréciées pour être attelées.

///// ITALIE

ANNÉES DE PRODUCTION : 1934-1939

MOTEUR : 4 T, monocylindre vertical culbuté, 2 soup./cyl., refr. par air

CYLINDRÉE : 500 cm^3

ALÉSAGE X COURSE : 84 x 90 mm

PUISSANCE : 23 ch à 4 500 tr/mn

COUPLE : nc

ALIMENTATION : 1 carbu Dell'Orto de 27 mm

TRANSMISSION : embr. multidisque à sec, boîte de vitesses séparée à 4 rapp., transm. finale par chaîne

SUSPENSION : avant, fourche télesc. ; arrière, coulissante avec amortisseur horizontal

FREINS : avant, tambour latéral simple came ; arrière, tambour latéral simple came

POIDS : 145 kg (solo)

VITESSE MAX. : 125 km/h (solo)

1939

MOTO GUZZI CONDOR

Fidèle au monocylindre horizontal depuis 1921, Moto Guzzi va développer une série de machines à hautes performances qui vont se révéler sur de nombreux circuits.

La Condor fait partie de ces motos historiques, parce que moins de 70 exemplaires ont été produits, et aussi parce qu'elle offrait des performances hors du commun et surtout une fiabilité sans faille. Il faut dire qu'à l'époque, le constructeur de Mandello Del Lario est particulièrement prolifique en machines de course. En 1935, l'Italien remporte même le TT britannique en catégories 250 et 500 cm³, la plus prestigieuse épreuve de l'époque, avec le pilote irlandais Stanley Woods. Si la 500 victorieuse est une bicylindre en V qui connaîtra une longue carrière jusqu'en 1951, la 500 Condor de 1938 revient au monocylindre 500 culbuté classique à 2 soupapes issu de la GTCL. La machine est très robuste et les épreuves d'endurance ne lui font pas peur. De fait, la Condor sera une des montures préférées des pilotes privés italiens, même après la guerre. Certains exemplaires ont été aussi achetés par la « milice de la route » (alias la gendarmerie) durant la période mussolinienne.

VERSION COURSE

Sur la Condor, le monocylindre horizontal issu de la GTCL comprime à 7 : 1. Les carters moteur sont toutefois différents puisque moulés dans de l'électron, un alliage léger, et la transmission primaire comporte des pignons à taille droite. Le carburateur Dell'Orto peint en rouge atteint 32 mm de diamètre. La culbuterie est semi-enclose avec des ressorts de soupapes en épingle à l'air libre. La lubrification comprend une pompe à huile externe. Sur les modèles de course, le réservoir d'huile est au-dessus du réservoir d'essence et le lubrifiant descend par gravité jusqu'à la pompe. La boîte de vitesses reçoit 4 rapports. Juste au-dessus, on aperçoit la magnéto d'allumage qui entraîne le câble mécanique du compte-tours.

GO SPORT !

Véritable « compé-client », la Condor fut une des plus belles réussites de l'avant-guerre. À la fois rapide et très fiable, elle était aussi moderne avec ses suspensions arrière et avant. Le réservoir d'huile est au-dessus du réservoir d'essence, avec son propre bouchon de remplissage. Le compte-tours, avec sa zone rouge débutant à 5000 tr/mn, est le seul instrument de contrôle. On notera aussi les poignées démontées, le guidon ne comportant que de simples bandes adhésives, comme il était d'usage à l'époque. De nombreuses pièces ont aussi été perforées pour alléger la moto, comme les flasques des tambours de freins ou les platines d'axes des amortisseurs à friction. Le coussin en cuir, de forme circulaire, évitait au pilote d'être gêné par le réservoir lors des longues étapes d'endurance.

ITALIE

ANNÉES DE PRODUCTION : 1938-1940

MOTEUR : 4 T, monocylindre à plat culbuté, 2 soup./cyl., refr. par air

CYLINDRÉE : 498 cm³

ALÉSAGE X COURSE : 88 x 82 mm

PUISSANCE : 28 ch à 5 000 tr/mn

COUPLE : nc

ALIMENTATION : 1 carbu Dell'Orto SS de 32 mm

TRANSMISSION : embr. multidisque en bain d'huile, boîte de vitesses à 4 rapp., transm. finale par chaîne

SUSPENSION : avant, fourche à parallélogramme ; arrière, fourche oscillante avec amortisseur à friction

FREINS : avant, tambour simple came ; arrière, tambour simple came

POIDS : 140 kg

VITESSE MAX. : 160 km/h

IIII GRANDE-BRETAGNE

ANNÉES DE PRODUCTION: 1908-1960

MOTEUR: 4 T, monocylindre vertical, 2 soup. lat./cyl., refr. par air

CYLINDRÉE: 633 cm³

ALÉSAGE X COURSE: 82 x 120 mm

PUISSANCE: 16 ch

COUPLE: nc

ALIMENTATION: 1 carbu Amal

TRANSMISSION: embr. multidisque en bain d'huile, boîte de vitesses séparée à 3 rapp., transm. finale par chaîne

SUSPENSION: avant, fourche à parallélogramme ; arrière, sans

FREINS: avant, tambour simple came ; arrière, tambour simple came

POIDS: 155 kg (solo)

VITESSE MAX.: 100 km/h (solo)

1940

NORTON BIG FOUR

La « Big Four » est la moto qui a connu la plus longue production de l'histoire Norton.

Elle a certes sans cesse été améliorée au fil des années, mais son monocylindre à soupapes latérales de 633 cm³ demeura en service de 1908 aux années 1960 ! Ce moteur, baptisé « Big Four » car il délivrait originellement 4 chevaux fiscaux, fut d'ailleurs le premier conçu par la firme, qui faisait jusque-là appel à des moteurs français Clément ou Peugeot. Ce gromono allait avoir une destinée commerciale incroyable et donna ensuite naissance à une version de 490 cm³ qui allait équiper la fameuse Norton 16 H. Grâce à sa longue course de 120 mm, le monocylindre était parfait pour motoriser des side-cars et les militaires s'intéressèrent à cette moto qui, dès 1911, est baptisée « l'inapprochable » *The Unapproachable*, à cause de ses nombreux succès en compétition. Incroyablement robuste et économique, la machine fut revêtue des couleurs militaires en 1939, toujours attelée à un side, mais modernisée par un réservoir rond et par une distribution enclose. Sur ces sides militaires, la roue du panier était motrice, la peinture kaki, et le phare black-out de mise. Norton fut ainsi très présent durant la Seconde Guerre mondiale, les 16 H étant la monture favorite des estafettes roulant en solo et les « Big Four » adoptées par les unités de liaison.

IMPORTANTE INERTIE

Certes, la Big Four attelée n'était pas un foudre de guerre avec ses 16 ch réels, mais la longue course du gromono engendrait une inertie importante favorisant le couple, ce qui permettait à l'engin d'offrir une motricité sans faille, même chargé comme un baudet. Le moteur a été légèrement amélioré depuis les premiers modèles de 1908. Les tiges actionnant les soupapes ainsi que les ressorts sont désormais protégés par une trappe et facilement démontables. L'électricité provient de la fameuse Magdyno née en 1920 et la transmission finale s'effectue par chaîne (par courroie sur les premiers modèles). On notera la culasse fermement maintenue sur le cylindre par de robustes goujons avec écrous apparents.

BRITISH ARMY

L'armée britannique utilisa assez peu les side-cars militaires, contrairement à la Wehrmacht. Les attelages militaires Norton Big Four ne furent donc pas légion. Ces modèles disposaient de pneus de grosses dimensions interchangeables, d'une roue de side motrice, entraînée par un arbre avec cardan pris sur le moyeu de la couronne d'entraînement, de repose-pieds métalliques (le caoutchouc étant contingenté) et d'un gros phare black-out. La suspension comprend une fourche avant à parallélogramme de type Druid et le freinage est « léger », avec des tambours latéraux simple came. Le side est suspendu sur des ressorts à lames et comprend ici un coffre arrière.

IIIII ÉTATS-UNIS

ANNÉES DE PRODUCTION : 1938-1942

MOTEUR : 4 T, 4-cylindres en ligne semi-culbuté, soup. d'admiss. en tête, soup. d'échapp. latérales, refr. par air

CYLINDRÉE : 1265 cm^3

ALÉSAGE X COURSE : 69,8 x 82,5 mm

PUISSANCE : 40 ch à 4000 tr/mn

COUPLE : nc

ALIMENTATION : 1 carbu Schebler Luxe

TRANSMISSION : embr. multidisque en bain d'huile, boîte de vitesses à 3 rapp., transm. finale par chaîne

SUSPENSION : avant, fourche à ressort ; arrière, coulissante

FREINS : avant, tambour simple came ; arrière, tambour simple came

POIDS : 220 kg

VITESSE MAX. : 160 km/h

1940

INDIAN FOUR MODEL 442

Apparue pour la première fois en 1927, la Four n'est que l'extrapolation d'une ACE dont Indian avait acquis les droits.

La première Indian Four est le modèle 401 semi-culbuté (admission culbutée, échappement latéral). Cette machine fait très vite sensation et ne cesse d'évoluer au fil du temps. L'année 1936 est une année phare avec l'arrivée du modèle 436 à distribution inversée, censé rivaliser avec les Harley-Davidson 61. Comme la moto fait un flop, Indian fait marche arrière assez rapidement. En 1938, le moteur est donc entièrement repensé et, pour beaucoup, le nouveau 4-cylindres est alors un des plus beaux moteurs jamais construits. À la veille de la Seconde Guerre mondiale apparaissent les mythiques 440, 441 et 442. Ces machines superbes sont reconnaissables à leurs garde-boue enveloppants, de gros pneus «ballons» et l'absence de la fameuse «tête d'indien» sur le réservoir. Quant à la 442, la dernière Indian civile digne de ce nom, elle eut même droit à une suspension coulissante (qui ne remporta pas tous les suffrages). Rapide, mais lourde, la série des 440 met un terme à l'aventure Indian Four, dont les derniers exemplaires sortirent en 1942 et 1943. Pourtant, en 1947, c'est une Indian qui remporta l'enduro de Greenhorn. On a peine à imaginer une telle machine capable de s'illustrer dans une telle discipline...

LE PLUS BEAU DES FOUR

Avec ses cylindres coulés par paire, le moteur de la Four est, depuis 1938, une vraie réussite. Côté droit, l'ensemble est très net d'aspect avec des ailettes horizontales, un gros carter s'ouvrant dans un plan de joint lui aussi horizontal et un échappement très fluide. La machine conserve une distribution semi-culbutée avec soupapes d'admission en tête et soupapes d'échappement latérales. Le distributeur d'allumage de type automobile est de l'autre côté, entraîné par la dynamo. Les fils de bougie sont amenés par une goulotte chromée fixée à la culasse. Le tube partant de l'échappement et contournant le haut moteur sert à réchauffer le carburateur.

TABLEAU DE BORD INTÉGRÉ

Typiques des Indian Four des dernières générations, les imposants carénages de roue étaient très à la mode à l'époque. Les roues de 18 pouces cédaient normalement leur place à des 16 pouces chaussées de gros pneumatiques améliorant la tenue de route. Autre nouveauté sur la toute dernière des Indian 4-cylindres: l'apparition d'une suspension coulissante qui, à défaut d'être efficace, était moderne. Le tableau de bord sur le réservoir, très complet, apparaît en 1938.

1942

BMW R 75 TYPE « RUSSIE »

Lors de son réarmement au milieu des années 1930, l'armée allemande se dote de motocyclettes de plusieurs types, mais face à la France, équipée dès 1937 de side-cars à deux roues motrices de marque Gnome et Rhône, la BMW R 12 à soupapes latérales ne fait guère le poids.

De son côté, l'armée royale belge présente en 1938 la FN M.12, un side puissant qui enterre la concurrence. Il faut réagir vite : il est demandé à BMW et à Zündapp de proposer un nouveau side-car répondant à un sévère cahier des charges. Non seulement la moto doit être fiable et puissante, mais elle doit consommer à peine 6,5 l et parcourir 360 km tout en supportant une charge utile atteignant les 460 kg ! Évidemment, les capacités tout-terrain doivent être excellentes. Les ingénieurs des deux marques concurrentes travaillent certes ensemble (ce qui explique les nombreuses similitudes entre les motos) mais, dans un premier temps, c'est Zündapp qui remporte le marché car le flat-twin de la BMW n'a pas la puissance requise. Après avoir revu sa copie et doté la machine d'un nouveau moteur, la R 75 est enfin homologuée et, à partir de 1941, la production en grande série est lancée. Au total, 16 510 exemplaires de cette BMW type « Russie » verront le jour jusqu'à ce que l'usine soit rasée en 1944. Ces attelages historiques (maintes fois copiés par la Russie et la Chine) seront présents sur tous les fronts, de l'Afrique du Nord à la Russie, en passant par l'Europe.

TRANSMISSION SANS PEINE

Tout comme la Zündapp KS 750, la BMW R 75 possédait d'excellentes capacités en tout-terrain grâce à un différentiel asymétrique : la roue arrière de la moto recevait en effet les deux tiers du couple transmis par le moteur, tandis que la roue du side n'en recevait qu'un tiers. Ce système permettait à l'engin de rester stable et de ne pas déraper à l'intérieur du virage. De son côté, cet attelage, chargé comme un baudet, pouvait grimper des pentes de 50 % ! Le moteur flat-twin est culbuté et peut fonctionner avec de l'essence présentant un faible indice d'octane. La boîte de vitesses disposait d'un réducteur et d'une marche arrière. Sur le réservoir, la cloche bien visible ici renfermait le gros filtre à air. Ce type de machine a aussi circulé en Libye ou en Tunisie avec l'Afrikakorps.

POIDS LOURD SUR TROIS ROUES !

Avec 420 kg à vide et une charge utile de 460 kg, la R 75 affichait un poids total roulant de 880 kg ! Un record pour une moto ! Le panier du side pouvait porter aussi une mitrailleuse MG 34 de 7,92 mm. Les deux coffres disposés de part et d'autre servaient à loger des munitions. Les roues sont interchangeables et le freinage est confié à des tambours à commande hydraulique. Sur le flanc du réservoir de la moto, on peut apercevoir les deux leviers de vitesses permettant l'un de sélectionner les rapports et l'autre de passer entre le rapport normal et le surmultiplié pour le tout-terrain.

IIIII ALLEMAGNE

ANNÉES DE PRODUCTION : 1941-1944

MOTEUR : 4 T, bicylindre à plat culbuté, 2 soup./cyl., refr. par air

CYLINDRÉE : 745 cm³

ALÉSAGE X COURSE : 78 x 78 mm

PUISSANCE : 26 ch à 4 400 tr/mn

COUPLE : 5 m.kg à 3 600 tr/mn

ALIMENTATION : 2 carbus Graetzin de 24 mm

TRANSMISSION : embr. multidisque à sec, boîte de vitesses à 4 rapp. + 1 marche arrière, boîte relais à 2 rapp., transm. finale par arbre et pont

SUSPENSION : avant, fourche à parallélogramme ; arrière, sans ; side, suspensions par lames

FREINS : avant, tambour simple came ; arrière, tambour simple came ; side, tambour simple came

POIDS : 420 kg

VITESSE MAX. : 93 km/h

IIII ALLEMAGNE

ANNÉES DE PRODUCTION : 1940-1945

MOTEUR : 4 T, bicylindre en V culbuté, 2 soup./cyl., refr. par air

CYLINDRÉE : 751 cm^3

ALÉSAGE X COURSE : 75 x 85 mm

PUISSANCE : 26 ch à 4 000 tr/mn

COUPLE : nc

ALIMENTATION : 1 carbu Solex de 30 mm

TRANSMISSION : embr. bidisque à sec, boîte de vitesses séparée à 4 rapp. avec démultiplicateur + 1 marche arrière, transm. finale par arbre et cardan, différentiel crabotable pour la roue du side

SUSPENSION : avant, fourche télescopique ; arrière, sans

FREINS : avant, tambour hydraulique ; arrière, 2 tambours latéraux hydrauliques

POIDS : 400 kg

VITESSE MAX : 95 km/h

1943

ZÜNDAPP KS 750

Si la BMW R 75 type « Russie » demeure l'archétype du side-car militaire, on oublie vite que c'est une Zündapp, la KS 750, qui fut la première à être opérationnelle en étant adoptée par l'armée dès la fin de l'année 1940.

Zündapp avait déjà livré des K 500 à l'armée, mais il ne s'agissait ni plus ni moins que de modèles civils militarisés. La nouvelle KS 750 était un engin à part, 100 % militaire. Les similitudes entre les deux mastodontes à trois roues BMW et Zündapp étaient nombreuses, tout simplement parce que tant la BMW que la Zündapp répondaient au même cahier des charges. Toutefois, la seconde s'avéra plus performante, à tel point qu'il fut demandé à BMW d'en fabriquer des exemplaires sous licence. La firme munichoise refusa poliment et, finalement, les deux constructeurs assemblèrent chacun leur modèle. Cela n'empêcha pas une certaine interaction entre les deux marques puisque le side BMW fut finalement adopté sur les deux machines. Comme la R 75, la KS 750 adoptait une transmission intégrale avec différentiel asymétrique permettant de faire passer 1/3 du couple et de la puissance sur la roue du side. Développant 26 chevaux, la Zündapp était équipée d'une boîte à 4 rapports et d'une alimentation par simple carburateur Solex. Plus de 18 500 Zündapp attelées furent produites (contre environ 16 500 R 75).

UN BICYLINDRE PAS VRAIMENT À PLAT

Contrairement à ce que l'on pourrait penser, le moteur de la KS 750 forme un très léger V afin d'améliorer la garde au sol côté gauche. Ce moteur culbuté est alimenté par un simple carburateur. La plupart des pièces moteur sont regroupées à l'avant et commandées par pignons avec un vilebrequin entraînant en bas la pompe à huile puis au-dessus l'arbre à cames et la magnéto d'allumage. La transmission est assez complexe. L'embrayage bidisque est accolé à une boîte à pignons à 4 rapports avec démultiplicateur (commandé par levier à droite) pour les terrains difficiles. Le pont arrière comporte ensuite un arbre transversal avec différentiel qui entraîne la roue du side grâce à un pignon déporté. Afin d'éviter le patinage, le différentiel est muni d'un crabot (lui aussi sélectionnable côté droit par levier).

PNEUS DE TYPE BALLON

Comme le stipulait le cahier des charges, toutes les roues sont interchangeables avec la roue de secours. Les jantes de 19 pouces sont chaussées de gros pneus. La fourche est en tôle emboutie avec des éléments à ressorts enfermés. Le panier du side-car est quant à lui suspendu par une barre de torsion sur les modèles Steib adoptés au début. Afin d'uniformiser la production, Zündapp adopta ensuite des paniers BMW de type 40, identiques à ceux des attelages R 75. Cette variante était plus classiquement suspendue par des ressorts à lames.

1951

VINCENT RAPIDE SÉRIE C

Avec 2 758 exemplaires, la Vincent Rapide série C reste la plus construite des Vincent HRD V-Twin. Apparue au lendemain de la Seconde Guerre mondiale, en 1949 exactement, la Rapide série C succède donc à la série B, dont elle reprend le moteur de 1945 – caractérisé par des cylindres en aluminium présentant un angle plus ouvert de 50°, contre 47,5° avant guerre –, ainsi que la partie cycle avec moteur porteur, le simple berceau ayant tout simplement disparu.

Mais la production de la fourche Girdraulic étant très lente, la série B reste au catalogue jusqu'au début de 1950. On note aussi, sur la série C, la disparition progressive du monogramme HRD sur les flancs de réservoir et sur les carters moteur, ceci afin de ne pas confondre la moto anglaise avec le HD de l'Américain Harley-Davidson ! Tout comme la très rapide Black Shadow dévoilée elle aussi en 1948, la Rapide série C hérite de la nouvelle fourche Girdraulic et des deux tambours de freins avant. En performances pures, la Rapide est moins bien lotie que la Black Shadow, qui offre 10 ch supplémentaires, mais elle est vendue à un prix plus attractif (même s'il reste très élevé).

MÉCANIQUE DE PRÉCISION

Le nouveau moteur présenté à la fin de la Seconde Guerre mondiale conserve l'architecture en V, mais l'angle est désormais plus important pour loger la magnéto Lucas (ou Kettering sur les modèles de 1955) entre les cylindres. Ceux-ci sont désormais entièrement en aluminium, mais la machine conserve la distribution surélevée (avec des arbres à cames montés haut dans le moteur) chère à la marque. La lubrification est améliorée tout en étant simplifiée. Ce V-Twin constitue assurément une des plus mythiques réalisations du monde de la moto.

NOUVELLE MAIS COMPLEXE

La fourche Girdraulic qui apparaît sur la série C était nettement plus efficace que l'ancienne parallélogramme. Taillé en partie dans de l'aluminium de qualité aviation, cet ensemble comportait des fourreaux avec des ressorts coulissants dans sa partie arrière. Un amortisseur hydraulique remplaçait l'ancien ressort boudin central. Mais cette suspension n'était pas exempte de défaut, à commencer par sa relative complexité impliquant un coût élevé. Une simple suspension télescopique aurait été tout aussi efficace et beaucoup moins coûteuse. À l'arrière, la Vincent était équipée de la célèbre suspension Cantilever avec deux combinés.

IIIII GRANDE-BRETAGNE

ANNÉES DE PRODUCTION : 1949-1954

MOTEUR : 4 T, bicylindre en V à 500 culbuté, 2 soup./cyl., refr. par air

CYLINDRÉE : 998 cm³

ALÉSAGE X COURSE : 84 x 90 mm

PUISSANCE : 45 ch à 5300 tr/mn

COUPLE : nc

ALIMENTATION : 2 carbus Amal de 27 mm

TRANSMISSION : embr. monodisque à sec avec mâchoires, boîte de vitesses à 4 rapp., transm. finale par chaîne

SUSPENSION : avant, fourche Girdraulic ; arrière, bras oscillant Cantilever avec double combiné amortisseur

FREINS : avant, deux tambours simple came de 178 mm ; arrière, tambour simple came de 178 mm

POIDS : 206 kg

VITESSE MAX. : 180 km/h

1952

ROYAL-ENFIELD 500 BULLET J2

ATTELAGE WASTSONIAN

Moto intemporelle, la Royal-Enfield 500 Bullet, toujours produite en Inde depuis 1955 en compagnie de sa sœur de 350 cm³, a incontestablement marqué le monde de la motocyclette.

Tout commence en 1932 avec une machine de 500 cm³ peu commune, déjà dénommée Bullet, dotée d'une culasse à 4 soupapes non encloses et d'un cylindre incliné. En 1935, le modèle G adopte un cylindre vertical aux cotes revisitées, une culasse à 3, puis à nouveau 4 soupapes, et une distribution totalement enfermée. En 1938, Royal-Enfield revient finalement aux classiques deux-soupapes. C'est ce moteur qui va servir de base aux futures Bullet. Fin 1946, la production civile redémarre et la 500 Bullet est référencée sous la dénomination J2. Elle conserve un cadre arrière rigide, mais adopte pour la première fois une fourche télescopique. Parallèlement, une 350 est dévoilée. Elle est alors identique à la 500, mais cette dernière se distingue par sa culasse à double échappement. Les Bullet « modernes » descendent quant à elles des séries de 1948, caractérisées par une suspension arrière oscillante (c'est alors une première quasiment mondiale pour une moto de série) et une culasse en aluminium. La nouvelle 500 Bullet, identique à la 350 à la cylindrée près, devra encore attendre 1952 pour recevoir la nouvelle culasse et la suspension arrière. D'ici là, la J2 continue à être appréciée pour son gromono plein de bonne volonté lui permettant de tracter un side.

CULASSE DOUBLE ÉCHAPPEMENT

Le mono de la J2 date d'avant la Seconde Guerre mondiale. Il se reconnaît au niveau de son double échappement (qui disparaîtra sur la « vraie » 500 de 1952), mais il conserve la lubrification par carter humide et la distribution classique par cascade de pignons d'avant-guerre, ceux-ci étant chargés d'actionner aussi la pompe à huile et la magnéto.

SIDE-CARAVANE

Les Bullet de l'immédiat après-guerre n'avaient pas encore de suspension arrière et se contentaient d'un cadre rigide, mais elles disposaient à l'avant d'une fourche télescopique moderne. Cette J2 ne faisait certes pas preuve de fougue, mais elle était néanmoins capable de tracter sans peine cet incroyable side Wastsonian attelé à gauche. Ce side, véritable caravane, était réalisé en contreplaqué et permettait d'emmener deux passagers en tandem. De plus, il était équipé d'un coffre et d'un toit ouvrant !

IIIII GRANDE-BRETAGNE

ANNÉES DE PRODUCTION : 1947-1952

MOTEUR : 4 T, monocylindre vertical culbuté, 2 soup./cyl., refr. par air

CYLINDRÉE : 499 cm³

ALÉSAGE X COURSE : 84 x 90 mm

PUISSANCE : 16 ch à 5 300 tr/mn

COUPLE : nc

ALIMENTATION : 1 carbu Amal

TRANSMISSION : embr. multidisque à sec, boîte de vitesses séparée à 4 rapp., transm. finale par chaîne

SUSPENSION : avant, fourche télesc ; arrière, sans

FREINS : avant, tambour latéral simple came de 150 mm ; arrière, tambour latéral simple came de 150 mm

POIDS : 130 kg (solo)

VITESSE MAX. : 120 km/h (solo)

FRANCE

ANNÉES DE PRODUCTION: 1948-1956

MOTEUR: 4 T, monocylindre vertical culbuté, 2 soup./cyl., refr. par air

CYLINDRÉE: 498 cm³

ALÉSAGE X COURSE: 84 x 90 mm

PUISSANCE: 21 ch à 4800 tr/mn

COUPLE: nc

ALIMENTATION: 1 carbu Amac de 27 mm

TRANSMISSION: embr. multidisque en bain d'huile, boîte de vitesses à 4 rapp., transm. finale par chaîne

SUSPENSION: avant, fourche télesc.; arrière, coulissante avec double ressorts

FREINS: avant, tambour simple came de 170 mm; arrière, tambour simple came de 220 mm

POIDS: 180 kg

VITESSE MAX.: 125 km/h

1953
TERROT 500 RGSTA

Dernière machine de grosse cylindrée produite en France, la 500 RGST se contentait d'un monocylindre remontant au début des années 1930, logé dans une partie cycle plus moderne avec fourche téléhydraulique et bras oscillant.

Il faut dire qu'au lendemain de la Seconde Guerre mondiale, l'industrie motocycliste française a bien du mal à redémarrer. Les petites cylindrées sont privilégiées et la seule 500 cm³ vraiment disponible est la RGST de Terrot. La RGST fait donc partie de la lignée des « R » chez Terrot, c'est-à-dire une machine à moteur culbuté dont la première représentante, la RSS, date de 1932. Cette machine est importante car, jusque-là, la firme dijonnaise utilisait des monocylindres britanniques JAP. Après 1944, la RGSSE est dévoilée avec une culasse en aluminium et distribution enfermée. Moins prestigieuse que par le passé, cette 500 culbutée est déclinée en une version attelée renforcée (RGSE) et une militaire (RGSA). En 1948, l'évolution se poursuit avec la RGST, plus moderne côté suspension, et qui remportera un succès populaire méritoire tout en équipant aussi l'armée avec une RGSTA (avec un « A » pour « Armée »). Moins puissante qu'une anglaise ou qu'une allemande de la même époque, la RGST avait toutefois l'avantage d'être beaucoup moins chère.

MODÈLE MILITAIRE

Terrot a fourni à l'administration des 350 latérales et à l'armée des 500 culbutées, comme cette RGSTA. Outre la peinture kaki, les motos militaires se distinguaient des modèles civils par une béquille en tôle fixée sur le pare-jambe gauche et une tôle de protection du carter moteur. En outre, des sacoches en cuir avaient été adoptées, ce qui nécessita le déplacement de la boîte à outils plus en avant du garde-boue arrière. La partie cycle fait appel à une fourche téléhydraulique à l'avant et à une suspension coulissante à l'arrière avec deux simples ressorts réglables si la machine transporte un passager.

UN MONO FIABLE

La RGSTA disposait d'un monocylindre bien conçu avec une architecture semi-bloc, la boîte de vitesses étant séparée, mais fixe. Le cylindre en fonte est coiffé par une culasse en aluminium à deux soupapes formant un angle de 32° entre elles. La distribution par tiges est enclose comme sur toutes les Terrot culbutées de l'après-guerre. Le vilebrequin tourne sur deux simples roulements à billes. Il entraîne à droite la distribution et à gauche la transmission primaire et la chaîne de la dynamo. La lubrification se fait à carter sec avec un réservoir de 3 l sous la selle via une pompe à double engrenage. La puissance reste limitée, mais la fiabilité est au rendez-vous.

IIII ITALIE

ANNÉES DE PRODUCTION: 1952-1953

MOTEUR: 2 T, monocylindre, refr. par air

CYLINDRÉE: 153 cm^3

ALÉSAGE X COURSE: 59 x 56 mm

PUISSANCE: 6 ch à 5 000 tr/mn

COUPLE: nc

ALIMENTATION: 1 carbu Dell'Orto de 20 mm

TRANSMISSION: embr. multidisque en bain d'huile, boîte de vitesses à 4 rapp., transm. finale par chaîne

SUSPENSION: avant, fourche à parallélogramme ; arrière, bras oscillant avec double combiné amortisseur

FREINS: avant, tambour latéral simple came de 150 mm ; arrière, tambour latéral simple came de 130 mm

POIDS: 55 kg

VITESSE MAX.: 105 km/h

1953

MV AGUSTA 150 TURISMO ECONOMICO

Le début des années 1950 voit fleurir en Italie des cylindrées moyennes de plus de 125 cm³. En effet, les huitièmes de litre étaient jusque-là dispensées d'immatriculation. À partir de 1951, le gouvernement italien impose l'immatriculation des deux-roues dès les 125 cm³.

Dès lors, il n'y a plus de raisons pour les constructeurs de se limiter à cette cylindrée, et pour augmenter les performances, les 150, les 160 et les 175 cm³ vont se développer. Fort de ses succès en compétition, MV n'hésite pas à proposer une 150 Turismo en 1952, suivie d'un modèle Sport. Si l'architecture générale des 125 était conservée, les 150 bénéficiaient d'une fourche avant télescopique et d'amortisseurs hydrauliques avec bras oscillant sur la Sport. Pour répondre à la demande, une version plus économique, la Turismo Economico, fut mise sur le marché en 1953. Elle se distinguait par sa fourche à parallélogramme en tôle et sa suspension oscillante arrière. Légères et performantes, ces motos furent aussi utilisées dans les épreuves de régularité par l'écurie MV Agusta.

FOURCHE À PARALLÉLOGRAMME

Les premières MV 150 Turismo et Sport bénéficiaient d'une fourche télescopique, mais la Turismo Economico conserva, pour des raisons de coût, une fourche à parallélogramme. Celle-ci était toutefois moderne avec des éléments en tôle emboutie. À l'arrière, ce modèle conservait la suspension oscillante par amortisseurs à friction des 125 type TEL.

CARBU HORIZONTAL

Le carburateur Dell'Orto avec sa cuve séparée est monté horizontalement. Il alimente un monocylindre très caractéristique avec sa culasse en aluminium présentant des ailettes arrière plus hautes afin d'améliorer le refroidissement derrière le cylindre. La boîte est intégrée au bloc et la transmission primaire s'opère par pignons.

IIIII ALLEMAGNE

ANNÉES DE PRODUCTION : 1952-1954

MOTEUR : 4 T, bicylindre à plat culbuté, 2 soup./cyl., refr. par air

CYLINDRÉE : 594 cm³

ALÉSAGE X COURSE : 72 x 73 mm

PUISSANCE : 28 ch à 5 800 tr/mn

COUPLE : nc

ALIMENTATION : 2 carburateurs Bing de 24 mm

TRANSMISSION : embr. monodisque à sec, boîte de vitesses séparée à 4 rapp., transm. finale par arbre et cardan

SUSPENSION : avant, fourche télesc. ; arrière, coulissante avec deux combinés

FREINS : avant, tambour simple came de 200 mm ; arrière, tambour simple came de 200 mm

POIDS : 192 kg

VITESSE MAX. : 145 km/h

1953
BMW R 67/2

L'apparition de la nouvelle R 67 en 1951 répond avant tout à un besoin bien précis: offrir plus de puissance et de couple aux amateurs de side-cars.

Extrapolée de la R 51/3 de 500 cm³, la nouvelle 600 offre en effet plus d'agrément. La puissance n'augmente tout d'abord que de 2 ch (26 ch contre 24), mais elle passe ensuite à 28 ch sur la R 67/2 présentée en 1952. Enfin, la R 67/3 bénéficie encore de quelques raffinements visant à rendre la machine plus efficace une fois attelée: le vilebrequin est monté sur coussinets (au lieu de roulements, ce qui améliore la souplesse à bas régime) et la roue arrière comprend une jante moins haute (18 pouces au lieu de 19) avec un pneu plus large. Si la R 67 ne reste finalement que peu de temps au catalogue, c'est parce qu'elle est éclipsée dans la gamme par une R 68 de même cylindrée, mais beaucoup plus performante avec ses 7 chevaux supplémentaires. Malgré tout, la R 67, plus économique à l'achat comme à l'usage, se vendra plutôt bien dans la version série 2 de 1952 à 1954.

MOTEUR RÉALÉSÉ

Le moteur est extrapolé de celui de la R 51, mais l'alésage et la course ont été augmentés. Comme le 500 cm³, le nouveau 600 cm³ adopte des carters très enveloppants qui donnent l'impression d'avoir affaire à un bloc-moteur. L'alternateur Noris de 6 volts est monté en bout de vilebrequin, tandis que l'allumage à avance centrifuge est commandé par l'arbre à cames. L'embrayage est toujours un monodisque à sec entraînant une boîte de vitesses à 4 rapports commandés au pied, mais une commande au réservoir pouvait être livrée en option.

CONÇUE POUR ÊTRE ATTELÉE

Le cadre est un double berceau en tubes soudés avec à l'avant une fourche télescopique et une suspension coulissante à l'arrière. Les roues de la R 67 et de la R 67/2 étaient normalement interchangeables, mais ce n'est plus le cas sur la R 67/3, cette dernière se distinguant par sa roue arrière de 4.00 x 18 (contre 3.50 x 18 précédemment). Les tambours latéraux de 200 mm seront des tambours moyeux à partir de 1954. Avec le side-car BMW, la machine atteignait 320 kg à sec et pas loin de 600 kg à pleine charge.

1954

NOUGIER 500

L'aventure des frères Nougier débute bien avant la guerre. Dès leur plus jeune âge, Jean et Henri se passionnent pour la motocyclette et conçoivent de nombreuses machines uniquement destinées à la course.

LE GÉNIE FRANÇAIS

La 500 4-cylindres conçue en 1954 reste une des plus performantes machines de course des années 1950, mais elle n'éveilla en France aucune curiosité. S'inspirant des Gilera multicylindres, les deux hommes, aidés par Pierre Collignon, à la fois pilote, copropriétaire de la moto et fondeur de métier, se lancent dans la réalisation d'un premier 4-cylindres à double arbre à cames en tête de 350 cm^3 – un moteur remarquable de compacité ! La 500 cm^3 qui suit demanda pas loin de 1000 heures de dessin et autant d'usinage. Elle se révéla une redoutable pistarde et les représentants britanniques de Norton se déplacèrent pour voir de leurs propres yeux cette moto capable de supplanter les indétrônables Gilera. Malheureusement, une fois de plus, cette géniale 500 de course française sera tuée dans l'œuf... Elle n'aura pas le temps de récolter une moisson de victoires car sa mise au point et son entretien réclamaient du temps que les frères Nougier avaient bien du mal à trouver, leur métier de concessionnaires automobiles les accaparant.

TYPE FEATHERBED

La partie cycle s'inspire de celle des Norton Manx avec un cadre de type Featherbed. Norton s'intéressa vivement au moteur 4-cylindres, mais le partenariat entre les Nougier et Norton n'aboutit finalement pas. La fourche télescopique remplaça une première fourche de type Earles. Les freins à tambours ont été réalisés par Pierre Collignon, qui disposait d'une fonderie à Grenoble. La moto, produite artisanalement, réalisera une sixième place lors du Grand Prix de Bourges 1957 et remportera dans sa catégorie la course de côte de Laffrey la même année.

UN FOUR DOUBLE ACT FRANÇAIS !

Le moteur de la Nougier est superbement fini. Légèrement incliné vers l'avant pour mieux bénéficier du flux d'air de refroidissement, ce 4-cylindres dispose d'une distribution entraînée par pignons via un des volants de l'embiellage taillé en couronne. Ce volant met en mouvement une couronne solidaire d'un des arbres de boîte sur laquelle s'égrène aussi un pignon à denture hélicoïdal. Ce dernier actionne à son tour deux arbres : l'un pour la pompe à huile (d'origine automobile), l'autre pour la magnéto – après plusieurs essais, les Nougier optèrent pour une magnéto Gilera. Le vilebrequin, très court, repose sur 5 paliers. Malheureusement, ce moteur extraordinaire ne suscita aucun intérêt de la part des constructeurs français.

FRANCE

ANNÉE DE PRODUCTION : 1954

MOTEUR : 4 T, 4-cylindres en ligne, 2 ACT, 2 soup./cyl., refr. par air

CYLINDRÉE : 500 cm^3

ALÉSAGE X COURSE : 54 x 54 mm

PUISSANCE : 55 ch à 11 500 tr/mn

COUPLE : nc

ALIMENTATION : 4 carbus Dell'Orto de 28 mm

TRANSMISSION : embr. multidisque à sec, boîte de vitesses à 5 rapp., transm. finale par chaîne

SUSPENSION : avant, fourche télesc. ; arrière, bras oscillant avec double combiné amortisseur

FREINS : avant, tambour moyeu double came de 240 mm ; arrière, tambour moyeu simple came de 200 mm

POIDS : 145 kg

VITESSE MAX. : 205 km/h

IIIII FRANCE

ANNÉES DE PRODUCTION : 1953-1955

MOTEUR : 4 T, monocylindre vertical culbuté, 2 soup./cyl., refr. par air

CYLINDRÉE : 174,87 cm^3

ALÉSAGE X COURSE : 56 x 71 mm

PUISSANCE : 8,5 ch à 5800 tr/mn

COUPLE : nc

ALIMENTATION : 1 carbu Gurtner de 22 mm

TRANSMISSION : embr. multidisque en bain d'huile, boîte de vitesses à 4 rapp., transm. finale par chaîne

SUSPENSION : avant, fourche télesc. ; arrière, coulissante avec deux combinés

FREINS : avant, tambour moyeu de 130 mm ; arrière, tambour moyeu de 150 mm

POIDS : 92 kg

VITESSE MAX. : 100 km/h

1954

MOTOBÉCANE Z 22C

Nées juste au lendemain de la Seconde Guerre mondiale, les monocylindres 125 et 175 cm³ culbutées Motobécane ont marqué de leur empreinte toutes les années 1950, restant d'actualité jusque dans la première moitié des années 1960.

La série des Z de 175 cm³ apparaît en 1948 avec la Z 2C qui adopte le même bloc moteur culbuté que la 125 cm³, mais réalésé à 56 mm et caractérisé par une bielle plus longue augmentant la course. Outre quelques autres améliorations mécaniques, la partie cycle de la Z 2C se distingue par une fourche télescopique « inversée » de série. La Z 22C apparue en 1953 se veut plus cossue avec un mono mieux lubrifié et mieux refroidi. Si les chromes tendent à disparaître, la Z 22C fait à l'époque bonne figure grâce à un équipement enrichi surtout dans sa version « Mobysuper ». À partir de 1955, la Z 22C est remplacée par la Z 23C dotée d'un carter de chaîne étanche et d'une selle biplace.

DERNIER MODÈLE

Les dernières Z 22C étaient équipées d'origine de pièces que l'on retrouvera sur les Z 23C, comme un gros réservoir de 13 l avec une selle rentrant dans la base de celui-ci. Cette selle était suspendue par un simple ressort (contre deux auparavant). Typiques de la Z 22C : la suspension coulissante est renforcée, le frein arrière est de type moyeu, les garde-boue sont enveloppants et une grosse boîte à outils complète l'équipement.

MIEUX LUBRIFIÉ

Sur la Z 22C, le monocylindre culbuté de 175 cm³ dispose d'une pompe à huile chargée de lubrifier le bas moteur. En outre, ce moteur se reconnaît à son volumineux ailetage (mais ces ailettes sont moins nombreuses que sur la Z 2C à cause de la présence de la pompe à huile) et à son carburateur Gurtner plus gros. Facile à entretenir et robuste, ce bloc moteur intègre une boîte de vitesses à 4 rapports. Comme sur les 125 cm³, l'allumage s'effectue par volant magnétique.

1955

NIMBUS STANDARD

La firme danoise Nimbus conçoit dès 1919 un moteur pour le moins peu commun à cette époque puisqu'il s'agit d'un 4-cylindres en ligne de 750 cm³ logé dans une étonnante partie cycle en fer plat.

POUR L'ARMÉE DANOISE

La première «tuyau de poêle» à moteur semi-culbuté cède ensuite sa place à une moto plus évoluée avec un moteur culbuté, puis à arbre à cames en tête sur la deuxième série de Nimbus dévoilée en 1934 et qui se distingue par une fourche télescopique (mais curieusement, le cadre arrière devient rigide), un réservoir en selle et un guidon en tôle emboutie accueillant le tableau de bord. Cette machine ne va quasiment plus évoluer jusqu'en 1959! Elle sera proposée en plusieurs versions: Luxus, avec peinture rouge et chrome et moteur de 22 chevaux; Standard, avec finition moins aboutie et moteur de 18 ch, Special (jaune ivoire ou gris lavande) avec moteur de 22 ch et tambours de freins plus puissants, et enfin Sport, identique à la Special, mais avec des pneus sport et un échappement relevé. Robuste, peu performante mais fiable, la Nimbus 4-cylindres devint la monture des militaires danois qui se contentèrent d'une peinture kaki et de quelques accessoires. Elle entrera en service avant la Seconde Guerre mondiale, et se maintiendra jusqu'à la fin des années 1950!

MOTEUR SANS SOUCI

Original en 1919, le moteur 4-cylindres de la Nimbus, malgré ses évolutions, est obsolète en 1955. Il s'agit ici d'un bloc reprenant les améliorations de 1934 avec arbre à cames en tête. Le moteur comporte des ressorts de soupapes à l'air libre et des chambres de combustion hémisphériques. Les premières versions Standard adoptées par l'armée avaient un moteur de 18 ch, mais après la guerre, toutes les motos disposaient du moteur de 22 ch, ainsi que des gros tambours de freins des Special.

ÉQUIPEMENTS MILITAIRES

Avec un cadre en fer plat pesant à lui seul près de 50 kg, la machine est loin d'être légère. En revanche, elle est robuste et cela impressionne les militaires danois qui feront usage de cette moto très tardivement. Beaucoup de ces machines on été attelées à des sides et certains exemplaires furent même transformés en engins antitank avec un canon de 20 mm monté sur le panier du side-car! La plupart du temps, les Nimbus se contentèrent d'une peinture kaki, de sacoches, d'une boîte à outils et d'une longue béquille latérale repliable manuellement.

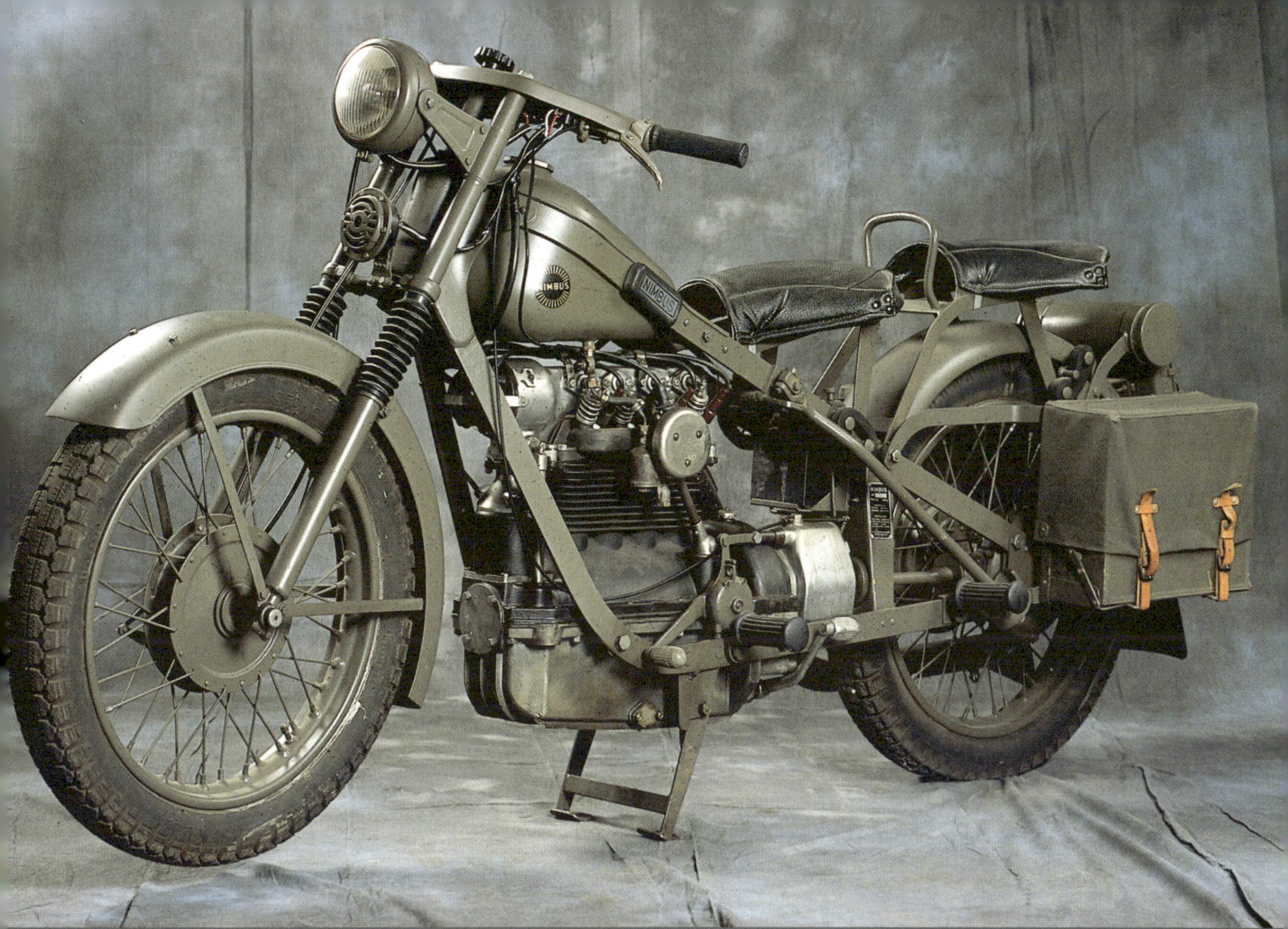

IIIII DANEMARK

ANNÉES DE PRODUCTION : 1934-1960

MOTEUR : 4 T, 4-cylindres en ligne longitudinal, 1 ACT, 2 soup./cyl., refr. par air

CYLINDRÉE : 746 cm³

ALÉSAGE X COURSE : 60 x 66 mm

PUISSANCE : 22 ch à 4 500 tr/mn

COUPLE : nc

ALIMENTATION : 1 carbu Nimbus de 26 mm

TRANSMISSION : embr. monodisque à sec, boîte de vitesses séparée à 3 rapp., transm. finale par arbre et cardan

SUSPENSION : avant, fourche télesc. ; arrière, sans

FREINS : avant, tambour simple came ; arrière, tambour simple came latéral

POIDS : 185 kg

VITESSE MAX. : 110 km/h

IIIII BELGIQUE

ANNÉES DE PRODUCTION : 1954-1958

MOTEUR : 4 T, monocylindre vertical culbuté, 2 soup./cyl., refr. par air

CYLINDRÉE : 344 cm^3

ALÉSAGE X COURSE : 74 x 80 mm

PUISSANCE : 13 ch à 4 600 tr/mn

COUPLE : nc

ALIMENTATION : 1 carbu Amal

TRANSMISSION : embrayage multidisque en bain d'huile, boîte de vitesses à 4 rapp., transm. finale par chaîne

SUSPENSION : avant, fourche télesc., bras oscillant avec double combiné amortisseur

FREINS : avant, tambour simple came ; arrière, tambour simple came

POIDS : 130 kg

VITESSE MAX. : 115 km/h

1956

FN M XIII

Tout au long des années 1950, le succès de la FN M XIII ne se dément pas. Les versions ne cessent de fleurir au fil des ans et la gamme se modernise continuellement, même si la Fabrique Nationale conserve un bloc-moteur d'un autre temps – mais d'une fiabilité remarquable.

Les FN M XIII latérales et culbutées apparaissent ainsi en 1945 (sauf la 450 à soupapes en tête apparue en 1950), mais elles sont en fait nées d'un projet datant de l'avant-guerre. Avec l'arrivée en 1951 de la fourche télescopique en option, la 350 culbutée, comme le reste de la gamme, se modernise enfin. Trois ans plus tard, la suspension arrière oscillante et un tout nouveau cadre permettent à la gamme de durer encore quelques années. On en profite aussi pour relooker la machine qui est proposée en version Standard ou en version Luxe avec réservoir chromé. Enfin, l'année 1955 voit la généralisation de la fourche télescopique. Malgré ces innovations répétées, FN sent bien que la série XIII arrive au bout de son potentiel. En 1958, la production cesse, la marque préférant se concentrer encore quelque temps sur les modèles 2-temps comme la M 22. FN est alors le dernier constructeur belge à oser produire des 4-temps, Gillet-Herstal, dans la seconde moitié des années 1950, n'ayant plus à son catalogue que des 2-temps de type Legia, Belgica ou Milan.

NOUVEAU CADRE

Les années 1950 sont marquées en Europe par la généralisation de la suspension oscillante qui tend à remplacer la suspension coulissante, finalement trop peu efficace, ou le cadre rigide inadapté tant au niveau du confort qu'à celui de la sécurité. FN réagit donc en l'imposant à partir de 1954. Cette suspension nécessita de repenser le cadre simple berceau. La ligne a en même temps été modernisée avec par exemple une selle double plus en accord avec la mode de l'époque.

BLOC-MOTEUR CULBUTÉ

Toute la série XIII conserve une course moteur de 80 mm, aussi bien les machines latérales que culbutées. Seul l'alésage change. La 350 culbutée se reconnaît facilement à son couvre-culbuteurs. En revanche, la culasse reste classique (contrairement à la 450 culbutée fort justement baptisée « Grande Culasse »). Le bloc-moteur comporte un embrayage en bain d'huile ainsi qu'une boîte à 4 rapports.

1958

NSU OSB 251 SUPERMAX

Avec ses deux gros amortisseurs télescopiques visibles à l'arrière, la nouvelle NSU Supermax présentée en 1956 était immédiatement reconnaissable. Jusque-là, la firme de Neckarsulm faisait en effet appel à une suspension par monoamortisseur avec un combiné logé dans une partie du cadre.

Quoique moderne (puisqu'elle a été reprise à la fin des années 1970 par les constructeurs japonais), cette disposition n'était pas exempte de défaut, le monoamortisseur ayant parfois bien du mal à supporter le poids d'un passager. En revanche, la Supermax était bien dans le ton des autres NSU de la série Max avec une fourche à roue poussée en tôle, un cadre en emboutis et un moteur 4-temps suspendu identique à ceux des autres machines de la série, excepté au niveau de la puissance (supérieure de... 1 petit cheval!). Ce moteur est donc le célèbre monocylindre à arbre à cames en tête entraîné par deux arbres à double excentrique et deux bielles. Performante, mais relativement lourde, à cause d'un équipement de série pléthorique, la Supermax est une des dernières évolutions des monos à simple ACT de la marque. Il a aussi été produit une version tout-terrain de cette machine, la Gelände Max, ainsi qu'une version sportive, la Sport Max.

UN MONOCYLINDRE À HAUTES PERFORMANCES

Avec son arbre à cames entraîné par deux bielles tournant sur des excentriques, la distribution du monocylindre de la Supermax était peu commune. L'excentrique inférieur était pris directement sur la queue du vilebrequin. Le vilebrequin et la bielle tournaient quant à eux sur des roulements à rouleaux. Ce bloc-moteur comprenait un cylindre en fonte avec culasse en aluminium. Si une partie de la distribution était originale, les soupapes étaient classiquement ramenées sur leur siège par des ressorts en épingle. L'embrayage en bain d'huile était commandé par pignons à taille oblique, tandis que la transmission secondaire s'effectuait par chaîne sous carter étanche. La puissance était augmentée d'un cheval par rapport à la Max.

DEUX AMORTISSEURS

La Supermax n'était qu'une évolution des Max précédentes. Par rapport aux autres machines, elle se distinguait par son amortissement confié à deux combinés séparés remplaçant l'ancien système par simple amortisseur Cantilever. Cette suspension nécessita l'ajout de fixations en aluminium sur la boucle arrière du cadre et augmenta le poids de la machine. La NSU OSB 251 bénéficie d'une finition haut de gamme: réservoir et échappement chromés, équipement électrique complet, boîte à outils...

IIII ALLEMAGNE

ANNÉES DE PRODUCTION : 1956-1963

MOTEUR : 4 T, monocylindre, 1 ACT, 2 soup./cyl., refr. par air

CYLINDRÉE : 247 cm³

ALÉSAGE X COURSE : 69 x 66 mm

PUISSANCE : 18 ch à 7 000 tr/mn

COUPLE : nc

ALIMENTATION : 1 carbu

TRANSMISSION : embr. multidisque en bain d'huile, boîte de vitesses à 4 rapp., transm. finale par chaîne

SUSPENSION : avant, fourche à roue ; arrière, bras oscillant avec double combiné amortisseur

FREINS : avant, tambour simple came ; arrière, tambour simple came

POIDS : 165 kg

VITESSE MAX. : 125 km/h

3

LES ANNÉES 1960-1980

TOUJOURS PLUS VITE

ITALIE

ANNÉES DE PRODUCTION : 1957-1967

MOTEUR : 4 T, monocylindre horizontal culbuté, 2 soup./cyl., refr. par air

CYLINDRÉE : 246 cm^3

ALÉSAGE X COURSE : 66 x 72 mm

PUISSANCE MAX. : 15 ch à 5 500 tr/mn

COUPLE : nc

ALIMENTATION : 1 carbu Dell'Orto de 24 mm

TRANSMISSION : embr. multidisque en bain d'huile, boîte de vitesses à 4 rapp., transm. finale par chaîne

SUSPENSION : avant, fourche télesc. de 30 mm ; arrière, bras oscillant avec double combiné amortisseur

FREINS : avant, tambour simple came de 180 mm ; arrière, tambour simple came de 160 mm

POIDS : 120 kg

VITESSE MAX. : 140 km/h

1960

AERMACCHI ALA VERDE

Au lendemain de la Seconde Guerre mondiale, la société aéronautique italienne Aeronautica Macchi se reconvertit dans la fabrication de deux-roues. Les débuts sont laborieux ; toutefois en 1956, l'ingénieur Alfredo Bianchi met au point un monocylindre 4-temps culbuté qui va faire le bonheur de la marque.

D'abord monté sur la Chimera, une 175 cm³ entièrement carénée, ce mono horizontal est ensuite réalésé à 250 cm³. Dès 1957, la gamme sportive est dévoilée avec la 175 Ala Rossa, suivie de la 250 Ala Verde. Quand Aermacchi passe sous le contrôle de Harley-Davidson en 1960, la marque s'est déjà imposée en compétition et l'Ala Verde poursuit son bonhomme de chemin jusqu'en 1967. De conception simple, le moteur culbuté est logé dans une partie cycle très sportive : légère et bien équilibrée grâce à un moteur horizontal, l'Ala Verde est typique des petites italiennes sportives de ces années-là : guidon bracelet, sélecteur double branche, selle à dosseret. Petite – les grands gabarits ont bien du mal à se caser sur cette machine étroite –, mais diablement efficace ! De fait, cette machine rouge et blanche sera à l'origine de l'Ala d'Oro, un coupé-client très populaire.

UN MONO QUI RESPIRE

Si l'Italie est dès les années 1950 le royaume des petits moteurs à arbre à cames en tête, le mono horizontal de l'Ala Verde est plus classique avec sa distribution culbutée. Toutefois, ce 249 cm³ est soigneusement assemblé et dévoile une culasse hémisphérique, un cylindre en fonte avec un piston en aluminium et un vilebrequin tournant sur roulements. L'ailetage est horizontal et la culasse est bien refroidie par le vent relatif. Le carburateur Dell'Orto muni d'un cornet alimente le moteur via une courte pipe d'admission et la boîte disposera d'un rapport supplémentaire à partir de 1964.

ÉQUIPEMENTS SPORTIFS

Le guidon bracelet est sportif, un aspect renforcé par l'habillage de la moto blanche et rouge. L'instrumentation comprend un simple compteur de vitesses avec un totalisateur gradué jusqu'à 160 km/h, ce qui laisse entrevoir de belles performances. Le frein de direction était utile, même si la machine avait une tenue de route exemplaire. Le cadre est composé d'une poutre sous laquelle le moteur est suspendu. Le bras oscillant de type tubulaire sera renforcé sur l'Ala d'Oro.

IIIII ÉTATS-UNIS

ANNÉES DE PRODUCTION: 1958-1967

MOTEUR: 4 T, bicylindre en V à 45° culbuté, 2 soup./cyl., refr. par air

CYLINDRÉE: 883 cm^3

ALÉSAGE X COURSE: 76,2 x 96,84 mm

ALIMENTATION: 1 carbu Linkert

PUISSANCE: 45 ch à 5500 tr/mn

COUPLE: 6,1 m.kg à 3500 tr/mn

TRANSMISSION: embr. multidisque en bain d'huile, boîte de vitesses séparée à 3 rapp., transm. finale par chaîne

SUSPENSION: avant, fourche télesc.; arrière, bras oscillant avec double combiné amortisseur

FREINS: avant, tambour moyeu simple came de 205 mm; arrière, tambour moyeu simple came de 205 mm

POIDS: 235 kg

VITESSE MAX.: 165 km/h

1962
HARLEY-DAVIDSON XLA

L'après-guerre est une ère d'expansion pour tout ce qui touche aux engins motorisés et Harley-Davidson, à l'instar des constructeurs automobiles, se doit de moderniser sa gamme.

UNE SPORTSTER POUR LE PENTAGONE

En 1957 est présenté le nouveau Sportster XL55 à moteur de 54 ch comme l'ancien, mais le Twin présente un alésage x course modifié (réduction de l'alésage mais accroissement de la course) pour plus de puissance dans les hauts régimes. Malheureusement, les anglaises, avec pourtant une cylindrée inférieure, restaient plus puissantes et Harley dut réagir en proposant la XLH et la XLCH crachant quelques chevaux supplémentaires. Toujours à l'affût des commandes de l'État et de l'armée américaine, la firme de Milwaukee proposa son nouveau Sportster aux services officiels. Les vieilles WLA, en service par milliers, étaient en effet bien fatiguées, et la relève fut assurée par la XLA. Mais cette moto ne fut produite qu'en toute petite quantité, de la fin des années 1950 au milieu des sixties, à raison de 418 exemplaires seulement. Ces motos eurent droit à un équipement particulier et furent vendues jusqu'en 1967, aux côtés d'une poignée de FL et de FLH pour équiper la police des bases US en Belgique et aux Pays-Bas. D'autres motos finirent leur carrière dans des pays étrangers, comme le modèle présenté ici utilisé au sein de la police libanaise.

MOTEUR SPORTSTER

Le moteur est le 55 ci, c'est-à-dire un 883 cm^3 à soupapes en tête avec boîte à quatre rapports intégrée entraînée par chaîne triplex. Le réservoir de 14 l est assez gros et ce modèle bénéficie d'un démarreur électrique. On notera aussi la trompette à l'avant, entraînée par un galet. Les XLA se distinguaient par d'autres éléments, comme les sacoches rigides, le plus souvent un pare-brise, un frein de parking commandé au levier, un porte-bagages et une plaque de police sur le garde-boue avant.

PHARE CARRÉ

Le phare avec sa nacelle particulière n'est pas d'origine mais provient d'une XLH. La XLA recevait normalement un phare rond, enjolivé par un cuvelage chromé. La partie cycle comprenait un cadre double berceau, avec un bras oscillant tubulaire retenu par deux gros combinés amortisseurs. La fourche avant, téléhydraulique, comportait des soufflets de protection. Le freinage était assuré par des tambours simple came peu efficaces en raison du poids de la moto toute équipée.

1967

HARLEY-DAVIDSON FLH ELECTRA-GLIDE

Face à la concurrence effrénée des motos britanniques et à l'arrivée des premières japonaises, Harley-Davidson a bien du mal à réagir.

La marque ne dispose en effet que du vieux moteur Panhead. Ce V-Twin, apparu en 1948, était d'inspiration très automobile avec ses soupapes rotatives, son rattrapage de jeu hydraulique (à partir de 1953) et ses culasses en aluminium.

Ce n'était certes pas un mauvais moteur, mais entre 1948 et 1965, l'industrie motocycliste avait accompli d'énormes progrès! Avant de finaliser définitivement son nouveau moteur Shovelhead fin 1965, la firme de Milwaukee décida de modifier un Panhead en ne conservant de celui-ci que le bas moteur avec l'antique boîte de vitesses à 4 rapports. Seul le haut moteur et les pistons étaient vraiment nouveaux, ce qui permettait toutefois d'obtenir 5 ch supplémentaires. Cet Early Shovel fut proposé d'emblée sur la FLH Electra-Glide qui, d'origine, était dépourvue de tout accessoire. Malgré l'adoption d'un démarreur électrique, les Electra conservaient l'indispensable kick jusqu'en 1970, date de l'arrivée du vrai moteur Shovelhead.

UN PREMIER SHOVEL

Plus massif avec ses cache-culbuteurs en forme de «pelle à charbon» (Shovelhead en anglais), le V-Twin Harley conservait le bas moteur de l'ancien Panhead avec dynamo à l'avant et allumeur sur le carter de distribution. La vieille boîte Harley à 4 rapports (née en 1936!) était toujours là, mais les cylindres, les culasses en aluminium et les pistons permirent d'accroître le taux de compression. Simultanément, le temps d'ouverture des soupapes fut augmenté et, dans l'ensemble, le bicylindre gagna 10 % de puissance supplémentaire. Le carburateur Linkert BC fut changé en 1967 pour un Tillotson.

AMORTISSEURS

L'Electra à moteur Early Shovel avait quand même droit à une suspension arrière par double combiné qui fut présenté pour la première fois sur la Duo Glide en 1958. D'origine, la moto était proposée «nue», sans accessoires, mais la marque disposait dès cette époque d'un impressionnant catalogue d'options: pare-brise, sacoches en cuir ou en fibre de verre, phares additionnels. Sur ce modèle, l'embrayage est au pied et la commande de vitesses s'opère manuellement, cette disposition disparaissant définitivement après 1972.

IIII ÉTATS-UNIS

ANNÉES DE PRODUCTION : 1966-1970

MOTEUR : 4 T, bicylindre en V à 45° culbuté, 2 soup./cyl., refr. par air

CYLINDRÉE : 1 206,40 cm³

ALÉSAGE X COURSE : 87,31 x 100,8 mm

PUISSANCE : 60 ch à 5 200 tr/mn

COUPLE : 9,2 m.kg à 4 000 tr/mn

ALIMENTATION : 1 carbu Tillotson de 38 mm

TRANSMISSION : embr. multidisque en bain d'huile, boîte de vitesses à 4 rapp., transm. finale par chaîne

SUSPENSION : avant, fourche télesc. ; arrière, bras oscillant avec double combiné amortisseur

FREINS : avant, tambour simple came ; arrière, tambour simple came

POIDS : 355 kg

VITESSE MAX. : 160 km/h

1969

HONDA CB 750 FOUR

Aucune autre machine n'a autant révolutionné le monde du deux-roues. Certes, ce n'est pas la plus rapide en 1969, mais cette machine est sans conteste la plus moderne, la mieux finie et la plus fiable.

Révélée au grand public au salon de Tokyo 1968, la présentation de la nouvelle grosse Honda fut un vraie coup de tonnerre. La Four est en effet très moderne et rompt définitivement avec l'image traditionnelle de la moto pour jeune motard oisif ou routard en barbour graisseux. Car cette Honda 750 dévoile un moteur 4 cylindres en ligne moderne et révolutionnaire avec un arbre à cames en tête. Certes, il existait déjà des quatre-cylindre et l'arbre à cames en tête n'est pas non plus une nouveauté (la Honda CB 450 en possédait même deux), mais ce bloc de 736 cm^3 est le premier moteur « sans entretien », capable d'avaler des kilomètres à 160 km/h de croisière sans s'arrêter sinon pour faire le plein d'essence. Souple et puissant, ce moteur servira de base à tous les futurs 4 cylindres de la marque. Le reste fut aussi source d'émerveillement : démarreur électrique et frein à disque de série, une finition des chromes et des peintures de très belle facture, instrumentation très complète (témoins de pression d'huile, de point mort, de clignotant et de plein phare), selle confortable et généreuse, commandes nombreuses (appel de phare, coupe-circuit), bref, tout ce qui semble banal aujourd'hui mais qui constituait une petite révolution en 1969. Bien née, cette machine s'est vite révélée très fiable, ne nécessitant qu'un entretien réduit par rapport à la concurrence britannique.

HAUTE TECHNOLOGIE

Le 4 cylindres possédait un bloc-cylindre et une culasse monoblocs, un vilebrequin forgé d'une seule pièce et monté sur 5 paliers garnis de coussinets trimétal et une pompe à huile Eaton à gros débit. Tout cela fleurait bon les techniques automobiles. En revanche, la Four empruntait aux Honda de compétition l'entraînement de l'ACT par puits central, entre le cylindre et les quatre superbes échappements, histoire de rappeler qu'il y a bien 4 cylindres, comme le suggérait le logo « Four » sur les caches latéraux. Le graissage s'effectuait à carter à sec grâce à un réservoir d'huile séparé à l'arrière droit permettant de gagner de la place.

HAUTES PERFORMANCES

Machine de route, la Four se transformait facilement en machine de course : en septembre 1969, une CB 750 pilotée par Michel Rougerie et Daniel Urdich remporta le Bol d'Or qui se courait à Montlhéry et une version spéciale gagna la prestigieuse course des 200 miles de Daytona aux mains de Dick Mann. La moto présentée ici est celle engagée officiellement par Honda en 1969 lors des 8 heures de Suzuka, pilotée par les Japonais Hisiki et Sumiya.

JAPON

MODÈLE : CB 750 Four

ANNÉES DE PRODUCTION : 1969 - 1976

MOTEUR : 4T, 4 cylindres en ligne face à la route, refroidissement par air, 2 soupapes par cylindre, 1 ACT

CYLINDRÉE : 736 cm^3

ALÉSAGE X COURSE : 61 x 63 mm

TAUX DE COMPRESSION : 9 à 1

PUISSANCE : 65 ch à 8 000 tr/m

CARBURATION : 4 carbus Keihin de 28 mm

TRANSMISSION : boîte de vitesse 5 rapports, transmission finale par chaîne

SUSPENSION : avant, fourche télescopique ; arrière, bras oscillant et double combiné amortisseur

POIDS : 230 kg

VITESSE MAXI : 195 km/h

IIIII JAPON

MODÈLE : H1 Mach III

ANNÉES DE PRODUCTION : 1968 - 1976

MOTEUR : 2T, trois-cylindres en ligne, refroidissement par air

CYLINDRÉE : 498 cm^3

ALÉSAGE X COURSE : 60 x 58,8 mm

TAUX DE COMPRESSION : 6,8 à 1

PUISSANCE : 60 ch à 7 500 tr/m

CARBURATION : 3 Mikuni VM 2PSC de 28 mm

TRANSMISSION : boîte de vitesses 5 rapports, transmission finale par chaîne

SUSPENSION : avant, fourche télescopique ; arrière, bras oscillant et double combiné amortisseur

POIDS : 175 kg

VITESSE MAXI : 185 km/h

1969

KAWASAKI H1 500 MACH III

Véritable fusée sur deux-roues, la petite bombe de chez Kawa, labellisée Mach III – tout un programme –, fut LA sportive de son temps. Elle fut aussi à l'origine de quelques acrobaties bien involontaires sur la roue arrière et de guidonnages provoquant de belles sueurs froides.

Car la petite 500 Kawa, qui apparaît en janvier 1969, est bel et bien une furie déchaînée, laissant sur place les 750 quatre temps de l'époque. Il est vrai que la Kawasaki avoue 60 ch pour 175 kg, 200 km/h et 12' 4" aux 400 m D.A. Certes, les chiffres sont un peu arrondis (la Mach III accroche en fait les 185 km/h) mais la machine est LA sportive de l'année 1969.

Cette réputation a sans aucun doute permis à Kawasaki de jouer dans la cour des grands, à une époque où la marque n'était que peu représentée en Europe. Revers de la médaille, la petite bombe avale allègrement ses 11 à 12 litres au 100 en conduite sport, obligeant à de nombreux arrêts au stand... pardon, à la pompe. Le moteur n'avait pas non plus que des avantages : trop reculé dans le cadre, il plaçait le centre de gravité de la moto trop en arrière, occasionnant des délestages spectaculaires de la roue avant. La tenue de route devenait alors très aléatoire d'autant que les trois échappements (deux à droite, un à gauche) et la béquille centrale gênaient la garde au sol. Quant au freinage, il était quasi-inexistant, le tambour de 1969 étant purement décoratif.

En 1972, la H1B adopta un disque mais ce n'est guère mieux. L'échappement, jugé trop bruyant et trop fumant, reçut aussi de nouvelles chicanes et l'allumage reçut de classiques rupteurs. Mais la crise pétrolière et les lois anti-pollution américaines eurent raison de cette moto à partir de 1976. Relookée, renommée 500 KH, elle ne put toutefois revenir au premier plan.

PORTE-BIDON

Chez Kawasaki, le choix du trois cylindres permit de conserver une cylindrée unitaire assez faible. Les manetons sont calés à 120°, assurant une bonne régularité cyclique, mais le moteur étant assez large, le long vilebrequin comporte six roulements et joints pour étanchéifier les cylindres, causant quelques vibrations. Alimenté par trois carburateurs Mikuni de 28 mm et doté d'un allumage électronique, ce trois cylindres développait 60 ch à 7500 tr/mn. La Mac III fut à l'origine d'une lignée prospère: la 748 cm³ H2, la 249 cm³, la 346 cm³ S2 et la 400 cm³ S3 et S1 et surtout, elle donna naissance à un compé-client redoutable: la H1R dont celle des Français Christian Ravel et Eric Offenstadt qui allait briller en compétition.

TRAVAIL AU GRAND AIR

Conduire la H1 500 relevait de l'exploit. Un journaliste raconta qu'il avait l'impression de chevaucher un fusil à pompe. Et l'étagement de la boîte 5-4-3-2-1 suivi du point mort fut à l'origine de quelques «envolées», le pilote tombant sur la seconde en cherchant le point mort!

1971

MOTO GUZZI V850 GT CALIFORNIA

La V850 GT est l'amélioration de la V7 Spéciale, une grosse routière née en 1969.

En fait, les deux modèles sont très proches l'un de l'autre, si l'on excepte la cylindrée qui passe à 844 cm^3 par augmentation de la course et la présence d'une boîte à 5 rapports. Pour plaire au marché américain, une version California est commercialisée. Elle se distingue par son vaste pare-brise, sa large selle noire et blanche, son grand guidon et ses pare-cylindres chromés avant et arrière. Cette moto est la mère de toutes les futures California. Appréciée pour sa robustesse, son confort et sa souplesse, malgré une boîte de vitesses un peu rude, la V850 GT California n'évolue qu'en 1974 avec l'adoption de clignotants et d'un disque de frein avant Brembo. L'année suivante, elle est remplacée par la 850 T dotée du moteur de la sportive 750S.

MOTEUR TRANQUILLE

Le V-Twin est celui de la « première génération » des bicylindres Guzzi. Comme celui de la V7 et de la V7 Spéciale, il comporte une dynamo logée entre le V des cylindres à l'avant et entraînée par une courroie sous un cache par le vilebrequin. En outre, l'allumage reste confié à un distributeur type automobile. La cylindrée a toutefois été augmentée : la course passe à 78 mm et le taux de compression est un peu plus élevé. Le gros et massif carter moteur est désormais très nervuré et ses fonderies caractéristiques seront celles de toutes les futures Guzzi.

RÉSOLUMENT GT

La V850 GT California était particulièrement bien dotée en équipements : grand guidon, pare-brise et un compteur de vitesses massif entouré d'une batterie de voyants propre aux modèles « Calif' ». Les clignotants n'apparaissent qu'en 1974, en même temps que le frein avant à disque. La grosse selle avec poignées passager chromées et les repose-pieds plate-forme, comme sur les Harley-Davidson, sont aussi typiques des séries California.

IIIII ITALIE

ANNÉES DE PRODUCTION : 1971-1974

MOTEUR : 4 T, bicylindre en V à 90° culbuté, 2 soup./cyl., refr. par air

CYLINDRÉE : 844 cm^3

ALÉSAGE X COURSE : 83 x 78 mm

PUISSANCE : 51 ch à 6000 tr/mn

COUPLE : nc

ALIMENTATION : 2 carbus Dell'Orto de 29 mm

TRANSMISSION : embr. bidisque à sec, boîte de vitesses séparée à 5 rapp., transm. finale par cardan

SUSPENSION : avant, fourche télesc. ; arrière, bras oscillant avec double combiné amortisseur

FREINS : avant, simple disque de 300 mm, étrier 2 pistons ; arrière, tambour double came de 220 mm

POIDS : 255 kg

VITESSE MAX. : 175 km/h

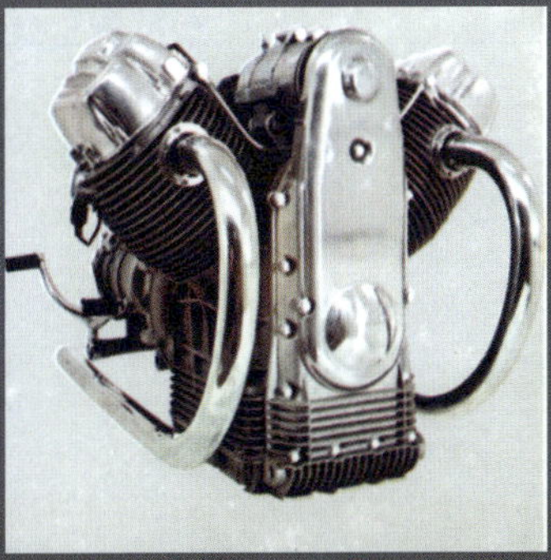

IIIII ITALIE

ANNÉES DE PRODUCTION : 1971-1974

MOTEUR : 4 T, bicylindre en V à 90° culbuté, 2 soup./cyl., refr. par air

CYLINDRÉE : 748,8 cm³

ALÉSAGE X COURSE : 82,5 x 70 mm

PUISSANCE : 52 ch à 6300 tr/mn

COUPLE : nc

ALIMENTATION : 2 carbus Dell'Orto de 30 mm

TRANSMISSION : embr. bidisque à sec, boîte de vitesses séparée à 5 rapp., transm. finale par cardan

SUSPENSION : avant, fourche télesc. ; arrière, bras oscillant avec double combiné amortisseur

FREINS : avant, double tambour double came de 220 mm ; arrière, tambour double came de 220 mm

POIDS : 206 kg

VITESSE MAX. : 195 km/h

1971

MOTO GUZZI V7 SPORT

Après le succès de la V7 Spéciale, l'ingénieur Lino Tonti décide de proposer une machine plus sportive. Dans ce but, le moteur de la Spéciale « cubant » 757 cm³ est ramené à 748,8 cm³ et un nouveau cadre à double berceau en tubes droits avec section inférieure démontable fait son apparition.

Plus basse (la hauteur de selle passe de 920 mm à 770 mm), plus étroite que la Spéciale, la nouvelle moto apparaît au Salon de Milan 1971, emportant tous les suffrages.
Si la puissance n'est pas extraordinaire, la légèreté (elle pèse 30 kg de moins que la Spéciale) et surtout la tenue de route de la Sport en font une machine redoutable. Commercialisée en jaune citron avec cadre rouge, la machine est aussi dotée de ce qui se fait de mieux au niveau des équipements.
La Sport est freinée à l'avant par un double tambour double came de 220 mm, mais lorsque la 750S est présentée en 1974, le double disque Brembo de cette dernière est bien souvent monté sur les V7.

MOTEUR POUSSÉ

Dérivé directement du V-Twin de la Spéciale, le moteur de la Sport s'en distingue toutefois par une diminution de l'alésage (pour pouvoir courir en courses de 750 Production réservées aux « vraies » 750 cm³). L'alternateur Bosch monté en bout de vilebrequin remplace l'ancienne dynamo logée au-dessus du bicylindre, ce qui a permis de réduire nettement la hauteur du cadre. En outre, des cylindres chromés dur et des arbres à cames sport font leur apparition, tandis que les soupapes sont renforcées par des ressorts doubles. De gros carburateurs Dell'Orto de 30 mm remplacent ceux de 29 mm utilisés sur la Speciale.

BELLE FINITION

La Sport est livrée avec des demi-guidons multipositions très appréciés. Moto Guzzi n'a pas lésiné non plus sur le reste de l'équipement : jantes Borrani en aluminium, nouvelle fourche conçue par la marque avec cartouches d'amortissement hermétiques, allumage par rupteur plutôt que par distributeur... Le cadre est une merveille de rigidité et de légèreté et Mike Hailwood dira de lui qu'il s'agit du « meilleur cadre de série jamais réalisé ».

1972

LAVERDA 750 SF

Ce n'est qu'à la fin des années 1960 que le nom de Laverda se fait connaître. Jusque-là, la marque n'avait réalisé que des petites cylindrées et c'est avec étonnement que le grand public découvre une 650 au Salon de Londres de 1966.

Ce bicylindre tout aluminium avec ACT et démarreur électrique est suivi deux ans plus tard par une version portée à 750 cm^3. Désignée 750 GT, la nouvelle venue affiche de belles performances et donne naissance à une 750 S avec un dosseret de selle, des demi-guidons, des carburateurs de 30 mm et un arbre à cames plus pointu. Cette machine est rejointe par la SF fin 1970, qui se distingue de sa devancière par son nouveau frein estampillé Laverda remplaçant le Grimeca. Un an plus tard, la SF adopte un nouveau dosseret en polyester, un réservoir dépourvu de grip-genoux et, en 1972, une paire de compteurs Nippondenso. Puis apparaîtront les 750 SF1, SF2, SF3, commercialisées jusqu'en 1977, sans oublier la rare et mythique 750 SFC. Cette génération de Twins, robustes et finement conçus, a marqué toute la décennie 1970, incarnant le renouveau des marques italiennes.

BEAU ET ROBUSTE

Le bicylindre de la 750 reprend la base du premier 650 avec un alésage augmenté à 80 mm pour une course inchangée de 75 mm. La construction et l'assemblage ont été particulièrement soignés. Suspendu dans le cadre, le moteur de la 750 SF de 1972 fait partie de la première génération des Twins 750 (les modèles ultérieurs bénéficiant de la culasse et des carburateurs des modèles SFC). L'arbre à cames en tête est entraîné par une chaîne centrale. La chaîne primaire est logée à gauche et le démarreur est lui aussi entraîné par chaîne. L'alternateur, enfin, est monté devant et il tourne via une courroie prise en bout de vilebrequin.

FREINS LAVERDA

Pour ses premières « S », Laverda avait opté pour des freins à tambours Grimeca, mais la société n'arrivant plus à en fournir, Laverda décida de réaliser ses propres tambours moyeux. Il s'agit d'une pièce en alliage léger, dépourvue en fait de cames. Les garnitures ne sont en effet pas actionnées par lesdites cames, mais directement par des biellettes. Par ailleurs, ce frein est refroidi de façon originale afin d'éviter que l'eau et la poussière ne pénètrent par l'écope. L'air arrive jusqu'au moyeu qui reçoit des ailettes faisant office de turbine, puis il est canalisé pour évacuer la chaleur.

IIII ITALIE

ANNÉES DE PRODUCTION : 1970-1977

MOTEUR : 4 T, bicylindre parallèle, 1 ACT, 2 soup./cyl., refr. par air

CYLINDRÉE : 744 cm^3

ALÉSAGE X COURSE : 80 x 64 mm

PUISSANCE : 60 ch à 7 500 tr/mn

COUPLE : nc

ALIMENTATION : 2 carbus Dell'Orto de 30 mm

TRANSMISSION : embr. multidisque en bain d'huile, boîte de vitesses à 5 rapp., transm. finale par chaîne

SUSPENSION : avant, fourche télesc. de 38 mm ; arrière, bras oscillant avec double combiné amortisseur

FREINS : avant, tambour double came de 230 mm ; arrière, tambour simple came de 230 mm

POIDS : 220 kg

VITESSE MAX. : 185 km/h

JAPON

ANNÉE DE PRODUCTION : 1972-1975

TYPE DE MOTEUR : 4 T, 4-cylindres en ligne, 2 ACT, 2 soup./cyl, refroid. par air

CYLINDRÉE : 903 cm³

ALÉSAGE X COURSE : 66 x 66 mm

PUISSANCE MAX : 83 ch à 8 500 tr/mn

COUPLE : 7,5 m.kg à 7 000 tr/mn

ALIMENTATION : 4 carbu. Mikuni de 28 mm

TRANSMISSION : embr. multidisque en bain d'huile, boîte de vitesses à 5 rapports, transm. finale par chaîne

SUSPENSION : avt, fourche télescopique ; arr., bras oscillant avec double combiné amortisseur

FREIN : AVT : simple disque de 296 mm, étrier simple piston ; arr., tambour simple came de 200 mm

POIDS : 230 kg

VITESSE MAX : 210 km/h

1972

KAWASAKI 900 Z1

Destinée à enterrer la concurrence, la Kawasaki 900 Z1 fut en son temps la plus rapide, la plus puissante, la plus grosse et aussi une moto parmi les plus fiables. Elle imposa aussi définitivement le concept de la moto « loisir », inauguré par Honda avec la 750 Four en 1969.

Avec son 4 cylindres en ligne à 2 arbres à cames en tête (une première sur un gros cube), moderne (avec réglage des soupapes par pastilles), nerveux et coupleux (83 ch et 7,5 m.kg de couple), la 900 Z1 était en plus proposée à un prix abordable et offrait une finition irréprochable. Elle battit d'emblée de nombreux records qui la propulsèrent au hit-parade des ventes : en 1973, une 900 Z1 roula sur l'anneau de Daytona 24 heures durant, avalant 4 233 km à quelques 176 km/h de moyenne ! La grosse Kawa n'était pourtant pas exempte de défauts avec une tenue de route et un freinage qui n'étaient pas à la hauteur du moteur. Et ce dernier avait une nette tendance à consommer 1 bon litre d'huile aux 1 000 km, une caractéristique typique des moteurs Kawa de ces années-là. La commercialisation de ce modèle ne dura que trois ans : la course à la puissance, qu'elle lança malgré elle, lui fut fatale avec l'arrivée de modèles concurrents.

UN STYLE QUI FIT ÉCOLE

La ligne de la 900 Z1 fut copiée encore bien après la fin de sa production puisque la lignée des Zephyr du début des années quatre-vingt-dix reprenait le même design caractérisé par un petit dosseret « sport ». Certes, les Zephyr bénéficièrent des évolutions techniques qui faisaient défaut à la Z1, notamment en matière de pneumatiques, de freinage et de tenue de route.

En revanche, le moteur de la Z1, de conception très moderne, fut le père d'une longue descendance de motorisation.

UN COUP DE MAÎTRE

Jusqu'à l'orée des années soixante-dix, Kawasaki était davantage connu pour ses deux-temps. Le 4-cylindres en ligne à 2 arbres à cames en tête fut donc un coup d'essai pour la firme. Ce bloc fut un vrai coup de maître puisqu'il s'avéra très robuste et fiable. S'ouvrant dans un plan de joint horizontal, le bloc en aluminium renfermait un vilebrequin tournant non pas sur des paliers mais sur des roulements (une technique issue des deux-temps). La distribution s'effectuait via une chaîne dans un puits central entraînant deux arbres à cames. Pour être en conformité avec la législation américaine (marché privilégié pour cette moto), Kawasaki avait opté pour le système PCV (Positive Crankcase Ventilation) qui transférait les vapeurs d'huile moteur jusqu'au boîtier de filtre à air.

1972

HONDA JAPAUTO 950 SS

La 950 SS est la première réalisation grand public du concessionnaire parisien Japauto.

Christian Vilaseca, le patron de Japauto, fort du succès de sa 750 Four engagée lors du Bol d'Or 1969, décide de commercialiser, avec l'aval de l'importateur Honda en France, une petite série de motos à la mécanique retouchée par augmentation de l'alésage. La cylindrée exacte est en fait de 969,8 cm^3, mais le reste de la moto est absolument identique à la CB 750 Four de 1971. D'origine, le cadre des «quatre pattes» était jugé un peu trop sujet aux torsions et le freinage par simple disque à l'avant avait bien du mal à arrêter les 197 kg à vide de la machine. Avec le moteur préparé, les performances et les désagréments s'accrurent d'autant! Heureusement, il était possible de s'offrir un deuxième disque de frein puis, à partir de 1973, Japauto réalise de plus en plus de pièces spéciales pour sa nouvelle mouture, qui s'appelle désormais 1000 VX.

NOUVEAU BLOC

Le 4-cylindres de la 950 SS ressemble à s'y méprendre à celui de la Four d'origine, mais sous le monogramme Honda du réservoir, les motos arboraient un autocollant 950 SS. Le travail porta essentiellement sur un réalésage qui passa de 61 à 70 mm, la course restant inchangée. Les pistons et les chemises étaient bien sûr nouveaux et la puissance passait de 67 à 83 chevaux. Le carter d'allumage est ici en fonte d'aluminium.

AU CHOIX

La Honda 750 Four K2 se distinguait des premiers modèles par quelques améliorations, telle la présence d'un bloc central à quatre voyants lumineux, comme sur la CB 500 Four. Sur cette 950 SS standard, le bloc est signé Japauto. Le reste est absolument d'origine, mais il était aussi possible d'opter pour un ensemble selle/réservoir en polyester qui allégeait considérablement la moto. Après ce coup d'essai, Japauto proposa plus de modifications, surtout à partir de 1973, avec l'arrivée des premières 1000 VX au nouveau 4-cylindres «nourri» grâce au kit JPX.

FRANCE

ANNÉES DE PRODUCTION : 1971-1973

MOTEUR : 4 T, 4-cylindres en ligne, 1 ACT, 2 soup./cyl., refr. par air

CYLINDRÉE : 969,8 cm³

ALÉSAGE X COURSE : 70 x 63 mm

PUISSANCE : 83 ch à 8 000 tr/mn

COUPLE : nc

ALIMENTATION : 4 carbus Keihin de 28 mm

TRANSMISSION : embr. multidisque en bain d'huile, boîte de vitesses à 5 rapp., transm. finale par chaîne

SUSPENSION : avant, fourche télesc. ; arrière, bras oscillant avec double combiné amortisseur

FREINS : avant, simple disque de 296 mm, étrier simple piston ; arrière, tambour simple came de 180 mm

POIDS : 200 kg

VITESSE MAX. : 215 km/h

IIIII ALLEMAGNE

ANNÉES DE PRODUCTION : 1973 - 1975

MOTEUR : 4 T, bicylindre à plat culbuté, 2 soup./cyl., refroid. par air

CYLINDRÉE : 898 cm^3

ALÉSAGE X COURSE : 90 x 70,6 mm

TAUX DE COMPRESSION : 9,5 à 1

PUISSANCE : 67 ch à 7 000 tr/m

CARBURATION : 2 carbus Dell'Orto PHM de 38 mm

TRANSMISSION : embrayage monodisque à sec, boîte de vitesse 5 rapports, transmission finale par arbre et cardan

SUSPENSION : avant, fourche télescopique ; arrière, bras oscillant et double combiné amortisseur

FRAINS : avant, double disque de 260 mm, étrier flottant, arrière, tambour simple came de 200 mm

POIDS : 205 kg

VITESSE MAX : 200 km/h

1973

BMW R 90S

La BMW R 90S fait partie de ces monstres sacrés des années soixante-dix, le « S » accolé à cette dénomination signifiant naturellement « Sport ». À l'époque, BMW a la réputation de produire des machines fiables et endurantes, des routières sérieuses pas franchement rigolotes surtout lorsqu'on les compare à des Japonaises hautes en couleur.

La nouvelle BMW R 90S apparaît donc en septembre 1973 lors du Salon de Paris pour fêter dignement les 50 ans de la marque. Elle est en fait le porte-étendard d'une nouvelle gamme, la série 6. Toutes les machines de la série 6 disposent du même cadre tubulaire double berceau et partagent pas mal de pièces communes, y compris la boîte de vitesses. C'est en fait au niveau de la mécanique que la 90S se différencie nettement. Cette dernière est en fait une machine presque « préparée » mais qui est super équipée. En 1974, la seule évolution concerne l'apparition de série d'un nouveau et magnifique coloris « Orange Daytona » dégradé. Mais la moto sera assez peu produite car elle évolue dès 1976 avec l'arrivée de la R 100S, une « 1000 cm³ » forcément moins mythique puisqu'elle prend le relais d'une machine qui est déjà une légende.

TWIN « PRÉPARÉ »

Au niveau du moteur, la R 90S reçoit de grosses soupapes, un arbre à cames spécial, un taux de compression revu à la hausse (9,5 à 1 contre 9,0 pour la R 90/6), des cylindres noircis pour évacuer les calories et des carburateurs Dell'Orto de 38 mm avec pompe de reprise (qui remplacent les classiques Bing de 32 mm de la R 90/6 et de la R 75/6). Si la transmission est identique, le rapport de pont est légèrement différent. Sur le papier la R 90S est capable de près de 200 km/h et elle libère 67 ch à 7 000 tr/mn (soit près de 7 ch par rapport à la R 90 « standard »). Cette machine est très bien accueillie par la presse même si on est quand même assez loin des performances affichées par les superbike japonaises du moment.

TABLEAU DE BORD COMPLET

Sur la R 90S, la ligne est plus effilée grâce à un gros réservoir de 24 litres évidés au niveau des genoux (le reste des motos de la séries 6 possèdent un bidon de 18 litres) et un dosseret de selle avec un arceau de maintien. Le magnifique tableau de bord était sans doute le plus complet de l'époque avec voltmètre, horloge, indicateur de liquide de frein etc. Le tout abrité derrière une jolie bulle légèrement fumée.

1976

MOTOBÉCANE LT 3

Destinée à contrer l'invasion des 2-temps nippons, la bicylindre 2-temps Motobécane apparaît pour la première fois au Salon de Paris de 1969.

À cette date, Motobécane est la seule marque française à oser encore proposer de vraies motos, lesquelles sont toutefois nettement inférieures à leurs homologues de l'Empire du Soleil levant avec leur graissage séparé et leur finition digne d'une mobylette. Mais en 1972, la LT 125 fait faire un bond en avant au Twin 2-temps français : mieux finie, esthétiquement plus réussie, la LT est suivie par une LT 1, une LT 2 et, surtout, une LT 3 dévoilée en 1974, mais commercialisée seulement fin 1975. Malheureusement, la machine est chère et a bien du mal à concurrencer les Twins japonais qui pullulent sur le marché intérieur, malgré la mise sur pied d'une « Coupe Motobécane » organisée de concert avec le magazine « Moto Revue ». En 1977, Motobécane abandonne la compétition et la marque disparaît petit à petit de l'industrie moto, avant de devenir MBK sous l'égide de Yamaha.

DÉFI FRANÇAIS

Le Twin 2-temps Motobécane de 1969 adopte pour la première fois des culasses carrées et un graissage séparé sur la LT 2 de 1974. Le réservoir d'huile passe sous la selle. Les cylindres chromés durs sont très inclinés pour bénéficier du flux d'air. Le vilebrequin tourne sur des roulements graissés à vie et, sur ce modèle LT 3, l'embrayage est à disques (à diaphragme auparavant). Le remplissage des chambres de combustion s'effectue via des lumières et quatre transferts. L'allumage est électronique dès 1969.

DISQUE DE FREIN

La LT 3 bénéficie enfin d'un frein à disque de marque Grimeca, tandis que la fourche téléhydraulique Ceriani fait son apparition. Sur le plan esthétique, la moto est rhabillée avec un garde-boue plus fin, rigidifié par des pattes perforées et un nouveau tableau de bord plus moderne. Capable de réussir d'honnêtes performances, la « Motobec' » souffrait d'une finition imparfaite et d'une image moins valorisante que les petites japonaises du moment.

IIIII FRANCE

ANNÉES DE PRODUCTION : 1974-1978

MOTEUR : 2 T, bicylindre, refr. par air

CYLINDRÉE : 125 cm³

ALÉSAGE X COURSE : 43 x 43 mm

PUISSANCE : 16 ch à 8 500 tr/mn

COUPLE : nc

ALIMENTATION : 2 carbus Gurtner SP19 de 19 mm

TRANSMISSION : embr. multidisque en bain d'huile, boîte de vitesses à 5 rapp., transm. finale par chaîne

SUSPENSION : avant, télesc. ; arrière, bras oscillant avec double combiné amortisseur

FREINS : avant, simple disque, étrier simple piston ; arrière, tambour simple came de 160 mm

POIDS : 93 kg

VITESSE MAX. : 130 km/h

IIIII JAPON

ANNÉE DE PRODUCTION : 1972 - 1977

TYPE DE MOTEUR : 2 T, 3-cylindres en ligne, refroid. par eau

CYLINDRÉE : 738 cm³

ALÉSAGE X COURSE : 70 x 64 mm

PUISSANCE MAX : 70 ch à 6 500 tr/mn

COUPLE : 7,8 m.kg à 6 000 tr/mn

ALIMENTATION : 3 carbus Mikuni de 32 mm

TRANSMISSION : embr. multidisque en bain d'huile, boîte de vitesses à 5 rapports, transmission finale par chaîne

SUSPENSION : avant, fourche télesc., arrière, bras oscillant avec double combiné amortisseur

FREINS : avant, double disque de 298 mm, étrier 2 pistons ; arrière, tambour simple came

POIDS : 252 kg

VITESSE MAX : 190 km/h

1977 SUZUKI GT 750

Suzuki fit une entrée remarquable dans le monde de la moto au début des années soixante-dix avec une T 500 performante. Mais pour contrer la Honda CB 750 Four, il faut frapper plus fort et en 1972, la firme japonaise lance donc une GT 750 « liquide » bien finie, souple, peu gourmande et suffisamment performante.

À la même date, Kawasaki présente sa « bombe » H2, au tempérament bien différent. La concurrence est rude… Loin d'être une mauvaise moto, la GT 750 n'a pas l'aura de ses concurrentes d'autant qu'elle souffre d'une garde au sol très limitée et d'un poids conséquent. Produite pendant 7 ans, la grosse Suzuki aura du mal à trouver son public mais continuera à être produite en différents modèles, le moteur restera sensiblement le même. La GT 750J de 1972 reçoit un ventilateur, des soufflets de fourche et un double disque apparaît en 1973 sur la « K ». La « L » adopte de nouveaux disques, des caches latéraux plus importants, un affichage digital du rapport de boîte enclenché et un taux de compression accru faisant passer la puissance de 67 à 70 ch. La GT 750A puis B closent la série en 1977.

MOTEUR SILENCIEUX

Ce qui caractérise le plus le moteur trois cylindres de la GT 750, c'est son silence et sa remarquable souplesse. Il faut dire que le refroidissement liquide amoindrit les bruits mécaniques et permet au moteur d'avoir une température constante en évitant des distorsions inhérentes au 2-temps qui chauffent beaucoup et très rapidement. Une pompe à eau - régulée par un calorstat - entraînée par le vilebrequin, un radiateur d'eau de 1,4 litres, une culasse monobloc pour faciliter le passage de l'eau et même un ventilateur (sur certains modèles) permettent à ce bloc trois-cylindres d'être fiable et peu gourmand. La lubrification brevetée Suzuki (système Posi-Force) est confiée à une pompe entraînée après l'embrayage, ce qui signifie que lorsque l'on est débrayé, la pompe à huile ne fonctionne plus…

ENFIN UN DOUBLE DISQUE !

C'est sur le modèle K de 1973 qu'un double disque fait son apparition sur la GT 750. Ils remplacent les antiques tambours et franchement, ne sont pas de trop pour arrêter une moto de plus de 250 kg à sec (surtout qu'il n'y a pas de frein moteur sur un deux temps). Mais sous la pluie, ces disques de la première génération ne sont guère plus efficaces voire moins que la double came. Comme sur presque toutes les motos de l'époque, la moto dispose de roues à rayons et d'une fourche avant téléhydraulique non réglable. À l'arrière, deux amortisseurs souvent jugés trop durs tentent d'apporter un peu de stabilité car comme bon nombre de japonaises, la Suzuki devient instable à hautes vitesses.

JAPON

ANNÉES DE PRODUCTION : 1976-1983

MOTEUR : 4 T, 4-cylindres en ligne, 2 ACT, 2 soup./cyl., refr. par air

CYLINDRÉE : 652 cm^3

ALÉSAGE X COURSE : 62 x 64 mm

PUISSANCE MAX. : 64 ch à 8 500 tr/mn

COUPLE : 5,8 m.kg à 7 000 tr/mn

ALIMENTATION : 4 carbus Mikuni VM 24SS de 24 mm

TRANSMISSION : embr. multidisque en bain d'huile, boîte de vitesses à 5 rapp, transm. finale par chaîne

SUSPENSION : avant, fourche télesc. ; arrière, bras oscillant avec double combiné amortisseur

FREINS : avant, double disque de 231 mm, étrier simple piston ; arrière, simple disque de 230 mm, étrier simple piston

POIDS : 219 kg

VITESSE MAX. : 175 km/h

1978

KAWASAKI Z 650C2

La Kawasaki Z 650 fut sans aucun doute un des plus gros succès de la marque et contribua à asseoir la réputation de la « Kawa » dans le domaine des 4-cylindres à 4 temps. Fiable, poussant fort, bien finie, avec un prix bien étudié, la machine évolue très peu sur le plan mécanique jusqu'à la fin de sa commercialisation en 1983.

Mais pour séduire une clientèle toujours plus avide de nouveauté, il faut sans cesse relooker la moto. Après les Z 650 série B, Kawasaki présente en 1978 la Z 650C2, avec un « C » comme « Custom », mais qui, franchement, n'a pas grand-chose à voir avec un custom, contrairement à la version Z 650DSR très américaine avec un style « chopper » plus affirmé. Tout au plus note-t-on la généralisation de roues à bâton (qui font alors fureur justement sur les customs) et aussi trois disques de frein. Ainsi affublée, voire embourgeoisée pour les puristes, la Z 650 continuera à caracoler en tête des ventes avant de s'éclipser peu à peu devant la nouvelle Z 750 dévoilée en 1980.

LE DOUBLE ARBRE SE REBIFFE

Le 4-cylindres double arbre à cames en tête de la Z 650 est un monstre de robustesse. Extrapolé de celui de la Z 900, déjà réputée pour sa fiabilité, ce moteur est endurant (la Z 650 sera utilisée intensivement par les auto-écoles), tout en étant nerveux (la machine fera des courses lors d'éditions organisées par une revue française). Disposant d'un système de recyclage des vapeurs d'huile du carter (système PVC), le 4-cylindres comprend une robuste transmission primaire par chaînes sur la Z 650C2.

TEINTE GLACÉE

La Kawasaki Z 650C3 était disponible avec une nouvelle peinture glacée et de nouveaux filets de réservoir. La plus grosse modification concernait l'adoption de roues en alliage à bâtons, mais la taille de ces éléments ne changeait pas. En outre, la moto était munie de trois disques de frein dont un double disque avant avec de nouveaux étriers derrière les tubes de fourche. La machine était plus lourde de 8 kg par rapport à la première Kawasaki Z 650B1. Sur la Z 650C3, la puissance est augmentée de 2 chevaux.

4

LES ANNÉES 1980-2020

LA MOTO MODERNE

IIII ALLEMAGNE

ANNÉES DE PRODUCTION : 1980-1987

MOTEUR : 4 T, bicylindre à plat culbuté, 2 soup./cyl., refr. par air

CYLINDRÉE : 798 cm³

ALÉSAGE X COURSE : 84,4 x 70, 6 mm

PUISSANCE : 50 ch à 6500 tr/mn

COUPLE : 5,7 m.kg à 5000 tr/mn

ALIMENTATION : 2 carbus Bing V64 de 32 mm

TRANSMISSION : embr. monodisque à sec, boîte de vitesses à 5 rapp., transm. finale par arbre et cardan

SUSPENSION : avant, fourche télesc. ; arrière, monobras Monolever avec monoamortisseur

FREINS : avant, simple disque de 260 mm, étrier 2 pistons ; arrière, tambour simple came de 200 mm

POIDS : 167 kg

VITESSE MAX. : 170 km/h

1980

BMW R 80GS

C'est une petite révolution qui s'empare du monde de la moto au début des années 1980, lorsque BMW présente au Salon de Cologne sa nouvelle monture. Sur le plan mécanique, peu de changement, on a toujours affaire à un Twin à plat et à une transmission finale par arbre et cardan dérivée du moteur de la R 80/7.

Mais pour une 800 cm³, la nouvelle machine est d'une légèreté remarquable avec 167 kg à sec. Ce qui frappe surtout, c'est l'architecture de la moto, à mi-chemin entre l'enduro et la routière, d'où son appellation GS « Gelände-Strasse ». C'est en quelque sorte une moto tout en un. Pratique, utilisable au quotidien sur toutes les routes, la R 80GS dispose pour la première fois du monobras Monolever avec un amortisseur à gaz très long et incliné qui va faire date chez le constructeur bavarois.
Bénéficiant à l'avant d'un frein à disque, d'un tableau de bord monobloc et d'un démarreur électrique, la machine est proposée en option avec des valises. Routière infatigable, d'une accessibilité mécanique exemplaire, la R 80GS fait alors partie des motos réellement intelligentes.

ALLÉGEMENT DU MOTEUR

Le flat twin de la R 80GS reprend l'architecture de celui de la R 80/7, mais il est notablement moins lourd (environ 8 kg de moins) grâce à des cylindres en alliage léger traité au nickel-silicium. Les pistons, d'un type nouveau, compriment aussi un peu moins. L'embrayage est mieux ventilé et plus facile à utiliser. L'allumage est électronique et le démarreur électrique est complété par un kick. Le nouveau filtre à air est composé d'un élément plat logé dans une boîte en plastique et le carter moteur a été renforcé.

MONOLEVER

Révolutionnaire, la R 80GS adopte pour la première fois le Monolever comprenant un seul bras oscillant renfermant l'arbre de transmission et suspendu par un long combiné amortisseur. Ce système était censé améliorer la résistance à la torsion de 50 % tout en présentant un poids inférieur de l'ordre de 2 kg par rapport à un bras oscillant en acier classique. Le reste du cadre était extrapolé de celui de la R 65. La fourche, dotée de soufflets, accueille une roue de 21 pouces à rayons en alliage léger trempé. Le frein à disque ATE avec étrier fixe est une première sur une moto tout-terrain et les pneumatiques adaptés à cette dernière sont spacieux dans la mesure où, pour la première fois, leur profil est homologué pour des vitesses jusqu'à 170 km.

1982

SUZUKI GSX 750E

C'est un festival de nouveautés que présente Suzuki à l'orée des années 1980.

La révolution a lieu sous la forme d'un nouveau bloc moteur à 4-cylindres. Pour la première fois, la marque d'Hamamatsu présente un double arbre à cames avec quatre soupapes par cylindre et chambre de combustion à double dôme. La lignée des GS à 4 cylindres et double arbre à huit soupapes avait connu un grand succès depuis 1975, mais cette nouvelle série de seize soupapes va marquer le monde de la moto – ces moteurs sont en effet les ancêtres des 4-cylindres des GSX-R 750. Outre une GSX 1100 particulièrement imposante, Suzuki dévoile aussi une 750 cm³ qui compense une puissance moindre par une maniabilité supérieure.

La machine est par ailleurs très bien finie avec une chaîne autolubrifiée à joint torique, un allumage électronique, un tableau de bord richement doté et un phare avec ampoule halogène.

SYSTÈME TSCC

Le système TSCC (ou CCDD en français, soit chambre à combustion double dôme) fait appel à quatre soupapes par cylindre avec une bougie centrale. Le remplissage et l'échappement du mélange y sont optimisés car la vitesse de la combustion est accélérée. Les soupapes sont aussi plus petites, d'où une inertie moindre, et la bougie, parfaitement centrée, brûle le mélange de façon homogène. L'alimentation est confiée à quatre carburateurs à dépression.

PHARE CARRÉ

Au début des années 1980, la mode est aux optiques de forme carrée et la GSX 750E n'échappe pas à la règle. Cette optique est munie d'un petit déflecteur derrière lequel vient s'abriter le tableau de bord qui comprend même un indicateur de niveau d'essence. La fourche avant est à axe déporté et le freinage est confié à trois disques percés.

IIII JAPON

ANNÉES DE PRODUCTION : 1980-1983

MOTEUR : 4 T, 4-cylindres en ligne, 2 ACT, 4 soup./cyl., refr. par air

CYLINDRÉE : 747 cm³

ALÉSAGE X COURSE : 67 x 53 mm

PUISSANCE : 79 ch à 9 200 tr/mn

COUPLE : 6,4 m.kg à 8 400 tr/mn

ALIMENTATION : 4 carbus Mikuni CV de 32 mm

TRANSMISSION : embr. multidisque en bain d'huile, boîte de vitesses à 5 rapp., transm. finale par chaîne

SUSPENSION : avant, fourche télescopique ; arrière, bras oscillant avec double combiné amortisseur

FREINS : avant, double disque, étrier simple piston ; arrière, simple disque, étrier simple piston

POIDS : 233 kg

VITESSE MAX. : 205 km/h

///// JAPON

ANNÉES DE PRODUCTION: 1981-1982

MOTEUR: 4 T, 4-cylindres en ligne, 2 ACT, 2 soup./cyl., refr. par air

CYLINDRÉE: 1 089 cm³

ALÉSAGE X COURSE: 72,5 x 66 mm

PUISSANCE: 109 ch à 8 500 tr/mn

COUPLE: 9,7 m.kg à 7 500 tr/mn

ALIMENTATION: inject. électr. EFI Bosch L-Jetronic

TRANSMISSION: embr. multidisque en bain d'huile, boîte de vitesses à 5 rapp., transm. finale par chaîne

SUSPENSION: avant, fourche télesc.; arrière, bras oscillant avec double combiné amortisseur

FREINS: avant, double disque de 236 mm, étrier 2 pistons; arrière, simple disque de 236 mm, étrier simple piston

POIDS: 236 kg

VITESSE MAX.: 230 km/h

1982

KAWASAKI GPZ 1100

Officiellement, la Kawasaki GPz 1100 « première génération » est présentée lors du Salon IFMA de Cologne en 1980. Il s'agit d'une évolution de la Z 1000 FI avec moteur à injection électronique.

Un simple coup d'œil sur cette machine suffit : la nouvelle GPz est un vrai gros cube sportif. Le moteur revu à la hausse avec 73 cm³ supplémentaires atteint la barre des 100 ch et propulse la moto à presque 230 km/h ! Les accélérations ne sont pas en reste avec un 400 m départ arrêté abattu en 11,2 s. Esthétiquement, la Kawa inaugure un nouveau tête de fourche avec optique rectangulaire qui sera repris avec bonheur sur la Z 1000R Replica en 1983. Plus massive, mais aussi plus brutale que les modèles précédents, la GPz 1100 a résolu les problèmes rencontrés sur le Z 1000 FI (à-coups désagréables, coupures d'alimentation). À partir de 1983, elle est remplacée par une nouvelle version entièrement repensée, caractérisée par un monoamortisseur Uni-Trak et un habillage sportif annonçant la future 900 Ninja. Cette nouvelle GPz 1100 conserve l'appellation, mais sa dénomination dans la nomenclature Kawasaki est ZX 1100A. Quelques années plus tard, toutes les nouvelles sportives de la marque reprendront la terminologie « ZX ».

GROS CHANGEMENTS

Le moteur est toujours un 4-cylindres en ligne à double arbre à cames en tête, mais il a gagné en cylindrée par rapport à la Z 1000. Entièrement peint en noir, y compris les échappements inox, ce moteur bénéficie d'une alimentation par injection électronique Bosch L-Jetronic *Digital Fuel Injection* (DFI) plus perfectionnée que celle de la précédente Z 1000 FI. En effet, cette alimentation comporte des capteurs de pression d'admission et des injecteurs placés près des papillons. Auparavant, les injecteurs montés dans la culasse chauffaient trop – culasse qui est par ailleurs celle de la Z 1000J de 999 cm³ présentée en même temps. Afin de refroidir correctement le 4-cylindres, la GPz disposait d'un petit radiateur monté sous la colonne de direction.

HAUT DE GAMME

Étant donné les performances de la moto, Kawasaki dota la machine de gros amortisseurs avec 7 réglages de précompression et 4 réglages d'amortissement. La fourche à assistance pneumatique reçut un égalisateur de pression au-dessus du té inférieur. En outre, le tableau de bord était nouveau et comprenait des témoins de niveau d'huile, de batterie, de béquille latérale dépliée. On trouvait même un voltmètre intégré dans le compte-tours et une jauge à essence à cristaux liquides ! Le guidon était quant à lui en aluminium forgé. Du grand luxe !

IIIII ALLEMAGNE

ANNÉES DE PRODUCTION: 1983-1989

MOTEUR: 4 T, 4-cylindres en ligne couché, 2 ACT, 4 soup./cyl., refr. par eau

CYLINDRÉE: 987 cm³

ALÉSAGE X COURSE: 67 x 70 mm

PUISSANCE: 90 ch à 8 000 tr/mn

COUPLE: 9 m.kg à 6 000 tr/mn

ALIMENTATION: inject. LE-JEtronic Bosch

TRANSMISSION: embr. monodisque à sec, boîte de vitesses à 5 rapp., transm. finale par arbre et cardan

SUSPENSION: avant, fourche télesc. de 41 mm; arrière, monobras oscillant Monolever avec monoamortisseur

FREINS: avant, double disque de 285 mm, étrier 2 pistons; arrière, simple disque de 285 mm, étrier 2 pistons

POIDS: 215 kg

VITESSE MAX.: 215 km/h

1983
BMW K 100

Présentée lors du Salon de Paris 1983, la nouvelle série K lancée par BMW fait sensation. Avec son bloc-moteur suspendu rigidifiant la partie cycle, son 4-cylindres en ligne à plat et une transmission compacte comprenant l'inévitable ensemble cardan / arbre, la machine ne passe pas inaperçue tant elle dévoile des solutions très « automobiles ».

La finition des « K » est excellente, mais le client doit débourser davantage pour avoir droit à une palette d'options allant de la bulle haute au porte-bagages, en passant par la bavette arrière. Routière avant tout, la K 100 standard est pourtant dépourvue de carénage, ce qui la rend un peu difficile à conduire à haute vitesse, d'autant que les performances sont bel et bien là : 215 km/h de vitesse de pointe pour une moto de route, c'est assez peu commun pour une BMW ! La K 100 est épaulée dès 1983 par la K 100RS dotée d'un carénage efficace étudié en soufflerie, puis par la K 100RT encore mieux équipée avec son carénage intégral.
Dès sa première année de commercialisation, la série des K 100 connaît un grand succès en Europe, mais la version standard ainsi que la RS disparaissent assez rapidement du catalogue au profit d'une gamme encore plus élaborée.

OPTIONS INDISPENSABLES

La K 100 standard était vendue dépourvue de tout carénage et il fallait lui adapter une bulle pour pouvoir lutter contre l'air. Ce modèle dispose aussi d'un guidon haut avec rétroviseurs courts, de projecteurs additionnels, de protège-carters en tubes, d'un porte-bagages et d'une bavette arrière – des options qui faisaient évidemment grimper la facture ! Le cadre était réduit à la partie supérieure avec un bâti portant la colonne de direction et servant d'ancrage au monoamortisseur.

UN BLOC-MOTEUR AUTOMOBILE

Très inspiré de l'architecture moteur automobile, le 4-cylindres de la série K comporte un vilebrequin forgé tourbillonnant sur 5 paliers. Le bloc-moteur est monté longitudinalement, en position couchée, la distribution étant logée côté gauche. Les chemises ont été directement coulées dans le bloc afin de réduire au maximum la longueur et la largeur de ce dernier. L'embrayage monodisque à sec est accolé à une boîte de vitesses d'un nouveau type qui n'a en effet plus rien à voir avec celles des flat-twins. La transmission Monolever par arbre et cardan n'est pas non plus très volumineuse. Cette nouvelle architecture moteur a été baptisée *Compact-Drive System* par BMW.

JAPON

ANNÉES DE PRODUCTION : 1984-1986

MOTEUR : 4 T, 4-cylindres en V à 90°, 2 ACT/cyl., 4 soup/cyl., refr. par eau

CYLINDRÉE : 998 cm³

ALÉSAGE X COURSE : 77 x 53,6 mm

PUISSANCE : 113 ch à 9500 tr/mn

COUPLE : 8,8 m.kg à 8000 tr/mn

ALIMENTATION : 4 carbus de 36 mm

TRANSMISSION : embr. multidisque en bain d'huile, boîte de vitesses à 5 rapp., transm. finale par chaîne

SUSPENSION : avant, fourche télesc. de 41 mm ; arrière, bras oscillant avec monoamortisseur Pro-Link

FREINS : avant, double disque, étrier 2 pistons ; arrière, simple disque, étrier 2 pistons

POIDS : 240 kg

VITESSE MAX. : 225 km/h

1984

HONDA VF 1000F

La révolution du moteur V-4 refroidi par eau développée par Honda au début des années 1980 fut en fait un pétard mouillé. Les machines conçues autour de ce nouveau propulseur furent en effet toutes, à différents niveaux, affectées de problèmes assez graves au niveau des arbres à cames et du refroidissement.

En 1983, après avoir travaillé sur une 400 et une 750 cm^3, Honda lance sa VF 1000F qui doit normalement constituer le haut de gamme de la catégorie sportive. Une version VF 1000R réplica, avec distribution par pignons – capable de développer 126 chevaux –, sera aussi proposée, mais à un tarif nettement plus élevé que la VF 1000F. Cette dernière, bien que présentant une belle finition, ne connaîtra qu'un succès mitigé à cause du V-4 récalcitrant, mais aussi parce qu'elle affichait des performances sensiblement équivalentes à la VF 750F qui, d'ailleurs, lui ressemblait comme deux gouttes d'eau. La VF 1000F sera suivie d'une VF 1000F-II caractérisée par un carénage intégral, un nouveau tableau de bord et un radiateur de refroidissement déplacé dans le becquet inférieur de l'habillage pour améliorer le centre de gravité.

ÇA PASSE OU ÇA CASSE

Sur ces premières générations de V-4 liquides, des problèmes de lubrification et de refroidissement (surtout du cylindre arrière) entraînèrent une usure prématurée des arbres à cames – qui sont ici entraînés par chaînes. La plupart du temps, il était nécessaire de changer le calorstat commandant le ventilateur afin que celui-ci se déclenche à des températures moins élevées que prévues. En outre, ce moteur consommait anormalement de l'huile et nécessitait une attention de tous les instants. Sur la VF 1000F, l'embrayage est hydraulique et comportait un système dit «à friction différentielle», évitant le driblage de la roue arrière lors des rétrogradations à la volée.

TENUE DE ROUTE ALÉATOIRE

Le cadre de la moto est un double berceau périmétrique en acier peint de couleur aluminium. À l'avant, la suspension TRAC avec système hydropneumatique antiplongée est conjuguée à un monoamortisseur Pro-Link avec réglage de la précharge pneumatique. Les roues Comstar sont freinées par disques. Celle disposée à l'avant est de 16 pouces, comme il était de bon ton à l'époque. Ce type de roue favorisait la maniabilité, mais pas la tenue de route. Le tableau de bord était quant à lui très complet avec des compteurs électroniques.

1984

HONDA GL 1200A GOLDWIND

Après une GL 1000 proposée dès 1974, puis une GL 1100 en 1980, Honda décide de moderniser son vaisseau de la route en lui faisant prendre quelques cm³ et en améliorant le niveau d'équipement. Ce sera la GL 1200 disponible à partir de 1984 qui marque une nouvelle étape dans l'histoire des Goldwind.

Auparavant, la GL 1100 était proposée en une version Interstate avec un grand pare-brise et de volumineuses sacoches de série. Cette version sera désormais la base de toutes les futures Goldwind puisque, dès son apparition, les modèles dépourvus de tout habillage disparaissent. Parallèlement, dès 1982, une version luxueuse de l'Interstate dénommée Aspencade avait été dévoilée.
Elle remporta tous les suffrages et la troisième génération de « Gold » reprit naturellement ces différents niveaux de finition : Interstate – aux États-Unis – ou Deluxe – en Europe –, Aspencade avec une édition Jubilee, et la superbe Limited Edition (LTD). La 1200 se distinguait aussi par son moteur 4-cylindres à plat porté à 1182 cm³.
La partie cycle s'accommodait mieux du poids de la machine grâce à une fourche différente et surtout à des roues plus petites abaissant encore le centre de gravité. La GL 1200 fut ainsi produite jusqu'en 1987, au moment de la présentation de la nouvelle GL 1500 à moteur 6-cylindres à plat.

LE FOUR HYDRAULIQUE

L'augmentation de cylindrée (la Goldwind passe de 1085 à 1182 cm³) fut accompagnée d'une refonte de la distribution : en effet, le moteur 4-cylindres à plat refroidi par eau avec distribution par courroie était désormais équipé d'un rattrapage hydraulique du jeu des soupapes. L'embrayage hydraulique restait accouplé à une transmission finale par arbre et cardan. La caractéristique essentielle de ce moteur était son fantastique couple, digne d'une voiture : à 3000 tr/mn, il s'inscrivait déjà à 10 m.kg !

ÉQUIPEMENT HORS NORMES

Dans sa version Aspencade, la GL 1200 A était richement dotée : la fourche avant se réglait pneumatiquement grâce à un compresseur intégré, le tableau de bord disposait d'indicateurs digitaux, radio AM/FM et lecteur de cassettes, accoudoirs pour le passager arrière, tous accessoires alourdissant la moto. Afin de faciliter sa prise en main, Honda modifia la partie cycle : la roue avant passa de 18 à 16 pouces et l'arrière de 16 à 15 pouces, tandis que le groupe propulseur fut avancé de 6 cm. Bien qu'accusant 360 kg tous pleins faits, la GL 1200 était encore plus facile à maîtriser que la GL 1100 précédente.

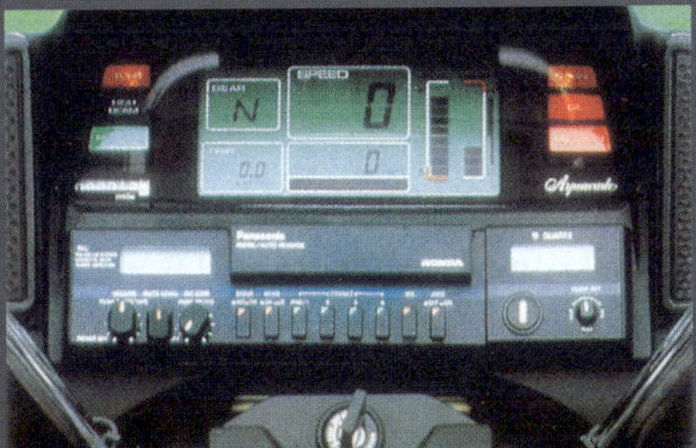

IIIII JAPON

ANNÉES DE PRODUCTION : 1984-1988

MOTEUR : 4 T, 4-cylindres à plat, 1 ACT, 2 soup./cyl., refr. par eau

CYLINDRÉE : 1182 cm^3

ALÉSAGE X COURSE : 75,5 x 66 mm

PUISSANCE : 94 ch à 7 000 tr/mn

COUPLE : 10,7 m.kg à 5 500 tr/mn

ALIMENTATION : 4 carbus de 32 mm

TRANSMISSION : embr. multidisque en bain d'huile, boîte de vitesses à 4 rapp. plus Over-Drive, transm. finale par arbre et cardan

SUSPENSION : avant, fourche télesc. pneumatique ; arrière, bras oscillant avec monoamortisseur semi-pneumatique

FREINS : avant, double disque, étrier 2 pistons ; arrière, simple disque, étrier simple piston, freinage intégral

POIDS : 325 kg

VITESSE MAX. : 180 km/h

1986

YAMAHA FJ 1200

Quand Yamaha présente en 1984 sa nouvelle FJ 1100, cette nouvelle grosse cylindrée fait très vite sensation.

Certes, il y a plus puissant et plus rapide chez la concurrence, mais la moto, capable d'abattre des kilomètres à vive allure, devient une référence au niveau du confort. En 1986, la cylindrée passe à 1200 cm^3 pour offrir plus de couple à mi-régime. Cette nouvelle FJ a été sensiblement améliorée par rapport à la précédente 1100 : bouchon de remplissage de type aviation, montre de bord digitale, clignotants intégrés au tête de fourche... La première génération de FJ 1200 est une vraie réussite et la machine se vend bien. Certes, elle perd au fil des ans une part de son caractère sportif (elle est beaucoup trop lourde par rapport à la concurrence, y compris une Yamaha FZR 1000), mais sa polyvalence et sa robustesse légendaires en font un très bon choix pour les gros rouleurs.
En 1989, la deuxième génération de FJ est gratifiée d'un nouveau freinage et de nouvelles roues, avant d'être équipée d'un ABS en 1991.

NOUVELLES ROUES

La première FJ 1200 se distinguait par ses roues de 16 pouces, aussi bien à l'avant qu'à l'arrière. La gamme des pneumatique susceptibles de chausser ces roues étant peu étendue, les ingénieurs Yamaha optèrent pour des Pirelli originellement conçus pour Bimota. Le pneu avant de 120/80 était en fait large de 128 mm, ce qui affectait la conduite, surtout lors des freinages sur l'angle, la FJ ayant tendance à se relever. En 1989, le choix d'une roue de 17 pouces changea la donne. Le freinage fut aussi amélioré par l'emploi de disques flottants de 298 mm, au lieu de disques fixes de 280 mm comme ci-dessous.

GROS CUBE

Le moteur 4-cylindres est massif avec ses 1188 cm^3. Il remplace l'ancien 1097 cm^3 afin d'aplatir la courbe de puissance et de générer plus de couple. Refroidi simplement par air et huile grâce à un radiateur, le 16-soupapes Yamaha est réputé pour sa fiabilité. En revanche, les bruits mécaniques sont fréquents à cause du nombre de soupapes et de l'absence de refroidissement par eau.

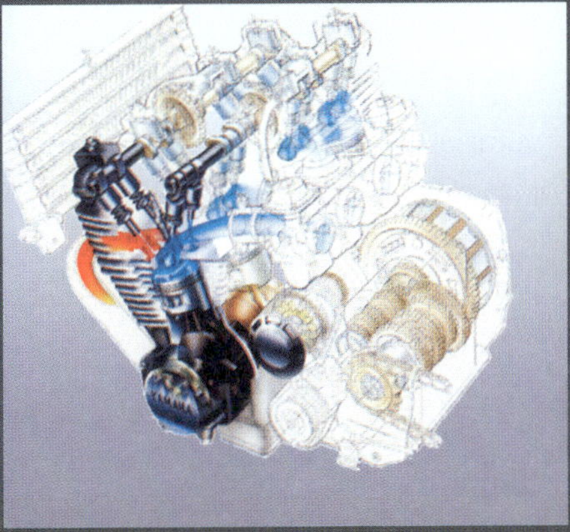

JAPON

ANNÉES DE PRODUCTION : 1986-1993

MOTEUR : 4 T, 4-cylindres en ligne, 2 ACT, 4 soup./cyl., refr. par huile/air

CYLINDRÉE : 1188 cm^3

ALÉSAGE X COURSE : 77 x 63,8 mm

PUISSANCE : 122 ch à 9000 tr/mn

COUPLE : 10,8 m.kg à 7500 tr/mn

ALIMENTATION : 4 carbus Mikuni de 36 mm

TRANSMISSION : embr. multidisque en bain d'huile, boîte de vitesses à 5 rapp., transm. finale par chaîne

SUSPENSION : avant, fourche télescopique ; arrière, bras oscillant avec monoamortisseur

FREINS : avant, double disque de 280 mm, étrier 2 pistons ; arrière, simple disque de 280 mm, étrier 2 pistons

POIDS : 227 kg

VITESSE MAX. : 230 km/h

IIIII JAPON

ANNÉES DE PRODUCTION: 1987-2000

MOTEUR: 4 T, bicylindre en V à 52°, 1 ACT/cyl., 3 soup./cyl., refr. par eau

CYLINDRÉE: 583 cm³

ALÉSAGE X COURSE: 75 x 66 mm

PUISSANCE MAX.: 54 ch à 8 000 tr/mn

COUPLE: 5,4 m.kg à 6 000 tr/mn

ALIMENTATION: 2 carbus Keihin CV de 32 mm

TRANSMISSION: embr. multidisque en bain d'huile, boîte de vitesses à 5 rapp., transm. finale par chaîne

SUSPENSION: avant, fourche télesc. de 41 mm; arrière, bras oscillant avec monoamortisseur Pro-Link

FREINS: avant, simple disque de 276 mm, étrier 2 pistons; arrière, tambour simple came de 130 mm

POIDS: 175 kg

VITESSE MAX.: 165 km/h

1987

HONDA XL 600V TRANSALP

En 1976, un groupe de motards partis d'Autriche traversent le massif alpin pour rejoindre Monaco. L'année suivante, Honda organise une épreuve longue de 3500 km baptisée « Transalp ».

Ce nom sera finalement adopté pour désigner une nouvelle moto présentée dix ans plus tard. Il s'agit d'un trail, mais qui s'éloigne de la machine de grand raid de type Paris-Dakar. La moto est certes dotée de grandes suspensions et de roues à rayons tangentiels, d'un sabot moteur et de protège-mains lui permettant d'être à l'aise sur les chemins, mais elle est plutôt destinée à la balade ou aux trajets quotidiens. Confortable grâce à un carénage avec clignotants intégrés et à une position de conduite droite, extrêmement fiable avec son moteur en V de 583 cm^3 refroidi par eau via des radiateurs dédoublés en aluminium de chaque côté, cette machine s'impose dès sa première année de commercialisation comme une des plus grandes réussites de Honda : après douze mois d'existence, 11000 exemplaires auront été vendus en France. Un succès qui n'a jamais été démenti, et reprend même de plus belle depuis l'apparition d'une version réalisée à 650 cm^3 puis 700 cm^3.

MOTEUR EN V

Le moteur en V provient de la VT 750C de 1982, une moto jamais importée en France, qui sera suivie de la VT 500C un an plus tard. Il comporte 3 soupapes et un double allumage par cylindre (améliorant de 10 % le rendement de la combustion) et présente un angle de 52°. Mais le plus important est la conception unique du vilebrequin à manetons décalés pour éliminer les vibrations sans avoir recours à un balancier d'équilibrage. L'alimentation provient de deux carburateurs à dépression de 32 mm avec des boisseaux cylindriques.

UN CADRE PERFORMANT

Le cadre « double boucle » de la Transalp première génération est de type périmétrique en tubes rectangulaires avec un simple berceau dédoublé sous le moteur. Le phare et le tableau de bord sont montés et fixés au tête de fourche afin de réduire l'inertie de la direction. La fourche avant est une téléhydraulique de 42 mm avec 200 mm de débattement complétée à l'arrière par un amortisseur Pro-Link. Le freinage par simple disque à l'avant fut jugé un peu juste.

1988

SUZUKI GSX-R 750

Avec son nouveau cadre et son nouveau moteur, la GSX-R 750 présentée en 1988 n'a plus grand-chose de la première génération de supersportives Suzuki dévoilées en 1985. Cette fois, la marque mit la barre encore plus haut.

Les points faibles de la première GSX-R avaient été résolus (tenue de route à haute vitesse défaillante), mais Suzuki en profita pour modifier complètement la partie cycle : l'empattement fut réduit de 40 mm, le centre de gravité abaissé, une nouvelle suspension arrière Full Floater, ainsi qu'un bras oscillant en aluminium offrant plus de rigidité en torsion firent leur apparition. En 1987, la marque avait été sacrée championne du monde d'endurance et championne de France Promosport.

Les nouvelles motos s'inspirèrent tout naturellement des progrès réalisés sur les machines victorieuses. Quant à la mécanique, le 4-cylindres double arbre refroidi par air et huile connut une notable évolution avec une augmentation de l'alésage, mais la course fut réduite. Cette version de la GSX-R 750 remporta un grand succès en Europe jusqu'en 1992, la GSX-R 750W à moteur refroidi par eau lui faisant suite.

NOUVEAU CADRE

Par rapport à l'ancien cadre en aluminium, le nouvel élément adopté par la GSX-R 750 de 1988 reprenait en gros la même architecture double berceau, mais il était plus court et beaucoup plus rigide avec des sections caissonnées de grande taille augmentant la résistance de 11 %. Surtout, la moto adopta des roues en alliage de 17 pouces, la grosse GSX-R 1100 conservant toutefois des roues de 18 pouces. La Suzuki s'en trouva améliorée aussi bien côté maniabilité que côté tenue de route. La fourche avant perdit au passage le réglage de l'antiplongée.

NOUVELLE LIGNE

Moins massive et plus fluide, la nouvelle GSX-R 750 disposait d'un moteur modifié ainsi que d'un échappement 4 en 2 remplaçant l'ancien 4 en 1. La cylindrée de 748 cm³ était désormais obtenue par un alésage x course de 73 x 44,7 (au lieu de 70 x 48,7 mm). Plus compact, le moteur était aussi mieux « rempli » grâce à des soupapes plus grosses avec des levées augmentées, des carbus Venturi avec boisseaux allégés de plus gros diamètre et un système d'admission directe DAIS. La machine conservait le système SACS (*Suzuki Advanced Cooling System*) qui faisait appel à un circuit de lubrification particulièrement performant, afin de refroidir au mieux les pièces en mouvement.

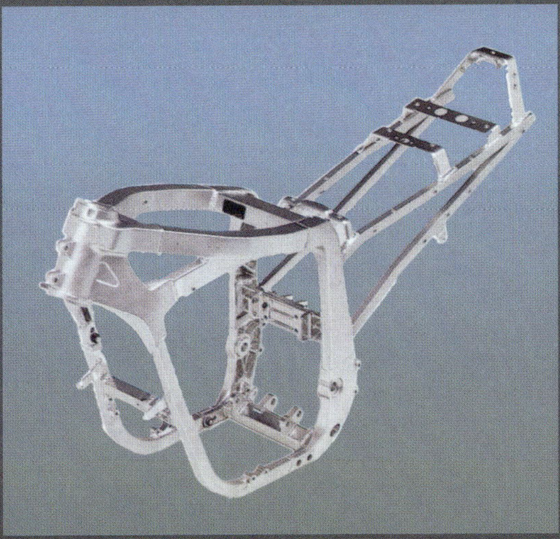

FRANCE

ANNÉES DE PRODUCTION: 1985-2007

MOTEUR: 4 T, 4-cylindres en ligne, 2 ACT, 4 soup./cyl., refr. par air/huile

CYLINDRÉE: 749 cm^3

ALÉSAGE X COURSE: 73 x 44,7 mm

PUISSANCE: 102 ch à 10 500 tr/mn

COUPLE: 7,2 m.kg à 9 000 tr/mn

ALIMENTATION: 4 carbus Mikuni de 36 mm

TRANSMISSION: embr. multidisque en bain d'huile, boîte de vitesses à 6 rapp., transm. finale par chaîne

SUSPENSION: avant, fourche télesc. de 43 mm; arrière, bras oscillant avec monoamortisseur Full Floater

FREINS: avant, double disque de 310 mm, étrier 2 pistons; arrière, simple disque, étrier 2 pistons

POIDS: 195 kg

VITESSE MAX.: 245 km/h

IIIII JAPON

ANNÉES DE PRODUCTION: 1987-1990

MOTEUR: 4 T, 4-cylindres en ligne, 2 ACT, 4 soup./cyl., refr. par eau

CYLINDRÉE: 598 cm^3

ALÉSAGE X COURSE: 63 x 48 mm

PUISSANCE: 93 ch à 11000 tr/mn

COUPLE: 6,4 m.kg à 9500 tr/mn

ALIMENTATION: 4 carbus Keihin de 32,5 mm

TRANSMISSION: embr. multidisque en bain d'huile, boîte de vitesses à 6 rapp., transm. finale par chaîne

SUSPENSION: avant, fourche télesc. de 37 mm; arrière, bras oscillant avec monoamortisseur Pro-Link

FREINS: avant, double disque de 276 mm, étrier 2 pistons; arrière, simple disque de 220 mm, étrier simple piston

POIDS: 186 kg

VITESSE MAX.: 230 km/h

1989 HONDA CBR 600F

La première CBR 600F fait son apparition en 1987. C'est une machine réussie, qui ne délivre alors que 87 ch. Toutefois, la Honda s'impose comme une référence, en même temps qu'elle lance la mode des 600 Sport qui deviennent rapidement la cylindrée préférée des motards de tous bords.

En 1989, la Honda abandonne officiellement la dénomination «Hurricane» qu'elle détient aux États-Unis, pour devenir tout simplement CBR 600. Pourtant, elle conserve l'habillage des anciennes motos, mais son 4-cylindres refroidi par eau se rapproche inexorablement de la barre mythique des 100 chevaux, car c'est bien du côté du moteur que le plus gros travail a porté, le reste de la machine évoluant peu. Il faut en effet attendre 1991 pour que la 600 subisse un profond lifting. En attendant, la cuvée 1989 se radicalise.

PRESQUE 100 CHEVAUX

La CBR 600F de 1989 reprend le moteur du modèle précédent, la puissance passant toutefois à 93 ch grâce à l'augmentation du rapport volumétrique et à l'allumage qui se distingue par une courbe différente. Dans le même temps, de nouveaux arbres à cames ont été adoptés. Le moteur reste très compact et le refroidissement est assuré par un radiateur en aluminium et par un circuit de refroidissement d'huile. Une batterie de 4 carbus à dépression alimente ce moteur.

TOUT HABILLÉE

Entièrement carénée, la CBR 600F affichait une ligne très moderne, comme la grosse CBR 1000. Le carénage évoluait peu par rapport aux modèles antérieurs. Le garde-boue très enveloppant disparut un peu plus tard. Les roues en aluminium à trois branches allégeaient quelque peu la moto qui n'offrait que 189 kg sur la balance. En revanche, la moto conservait un cadre de type «Diamond» en acier. Maniable, fiable et confortable, la CBR 600 est restée la référence des 600 Sport jusqu'en 1995, date à laquelle ses ventes ont commencé à chuter en France.

1989

YAMAHA FZR 1000

Présentée officiellement en France en 1988, la Yamaha FZR 1000 est une sportive sans concession, destinée à aller chasser sur les terres de la Suzuki GSX-R 1100. Inspirée de la FZR 750, la première 1000 adopte un moteur de 989 cm³ et le cadre Deltabox en aluminium.

En 1989, la moto est complètement revue. Le «5-soupapes» voit sa cylindrée augmentée à 1002 cm³ (on a donc un «vrai 1000»), mais surtout, on note l'arrivée de l'Exup, une valve à l'échappement pour moteurs 4-temps, chargée d'optimiser la plage d'utilisation du 4-cylindres. La partie cycle marque de nets progrès du point de vue de la rigidité – c'est d'ailleurs elle qui va connaître le plus grand nombre de modifications jusqu'en 1995, avant l'apparition de la 1000 Thunderace en 1996.

NOUVEAU MOTEUR

Réalésé de 0,5 mm par rapport au 4-cylindres de 1988, le nouveau moteur de la FZR 1000 est aussi relooké puisqu'il perd 10° d'inclinaison dans le cadre. Le moteur est moins haut grâce à un cache-culbuteurs faisant office de palier supérieur pour les arbres à cames. Plus compact, il réduit donc son encombrement, ce qui permet de reculer la roue avant et de raccourcir l'empattement. Le concept Genesis avec des carburateurs verticaux est toutefois conservé, mais le diamètre de ces derniers passe de 37 à 38 mm. Les pistons ont des axes plus importants et les chambres de combustion sont retouchées avec de nouveaux angles de soupapes. Pour la première fois, la FZR 1000 est équipée de la fameuse valve rotative à l'échappement Exup.

MODÈLE IDENTIFIÉ

Les premières FZR 1000 sont identifiables grâce à leur carénage double optique et le modèle 1989 dispose encore d'un échappement à embout peint en noir mat (dès 1990, il sera satiné). Par rapport au millésime précédent, la partie cycle a elle aussi beaucoup évolué. Le cadre Deltabox a été raccourci pour augmenter la charge vers l'avant et la fourche voit son diamètre augmenté à 43,5 mm. La stabilité de la moto est nettement meilleure grâce, entre autres, à une chasse de 110 mm et à des pneumatiques avant et arrière plus larges.

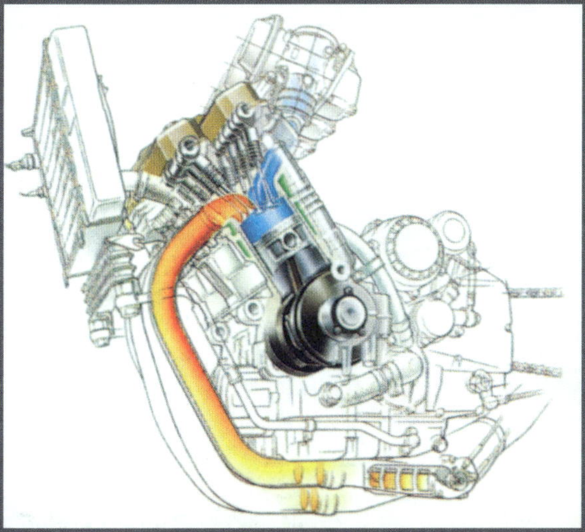

JAPON

ANNÉES DE PRODUCTION : 1989-1995

MOTEUR : 4 T, 4-cylindres en ligne, 2 ACT, 5 soup./cyl., refr. par eau

CYLINDRÉE : 1 002 cm³

ALÉSAGE X COURSE : 75,5 x 56 mm

PUISSANCE : 145 ch à 10 000 tr/mn

COUPLE : 10 m.kg à 8 300 tr/mn

ALIMENTATION : 4 carbus Mikuni de 38 mm

TRANSMISSION : embr. multidisque en bain d'huile, boîte de vitesses à 5 rapp., transm. finale par chaîne

SUSPENSION : avant, fourche télesc. de 43,5 mm ; arrière, bras oscillant avec monoamortisseur

FREINS : avant, double disque de 320 mm, étrier 4 pistons ; arrière, simple disque de 267 mm, étrier 2 pistons

POIDS : 209 kg

VITESSE MAX. : 260 km/h

JAPON

ANNÉES DE PRODUCTION : 1991-2002

MOTEUR : 4 T, 4-cylindres en ligne, 2 ACT, 4 soup./cyl., refr. par eau

CYLINDRÉE : 1 052 cm^3

ALÉSAGE X COURSE : 76 x 58 mm

PUISSANCE : 147 ch à 11 000 tr/mn

COUPLE : 11 m.kg à 8 500 tr/mn

ALIMENTATION : 4 carbus Keihin CVKD de 40 mm

TRANSMISSION : embr. multidisque en bain d'huile, boîte de vitesses à 6 rapp., transm. finale par chaîne

SUSPENSIONS : avant, fourche télesc. de 43 mm ; arrière, bras oscillant Uni-Trak avec monoamortisseur

FREINS : avant, double disque de 310 mm, étrier 4 pistons ; arrière, simple disque de 250 mm, étrier simple piston

POIDS : 228 kg

VITESSE MAX. : 250 km/h

1991

KAWASAKI ZZR 1100

Dès sa présentation à la fin de l'année 1990, la ZZR 1100 fait sensation. Dérivé de la ZX-10 Tomcat dont elle reprend la base moteur, ce gros cube est alors l'aboutissement d'une famille de 4-cylindres Kawasaki refroidis par eau.

De 1990 à 1993, cette machine (baptisée ZX-11 Ninja aux États-Unis) ne change pas, excepté les coloris. Tous ces modèles sont d'ailleurs désignés par la lettre code « C ». En 1991, la moto est commercialisée en noir-bleu électrique ou en noir-gris. Ces premières versions se révèlent immédiatement de véritables bêtes. Certes lourde avec 228 kg à vide (elle prendra encore du poids à partir de 1993), la ZZR 1100 dispose d'un moteur particulièrement puissant en version libre (147 ch) et qui reçoit le système d'admission RAM à simple conduit.
Stable à toute vitesse grâce à un cadre en aluminium, mais un peu juste en freinage, la ZZR 1100 est en 1991 la machine commercialisée la plus puissante sur deux roues. Son carénage, issu du travail mené sur la ZX-10 Tomcat, protège efficacement. Routière et sportive à la fois, la grosse Kawa a régné seule pendant plusieurs années, subissant quelques améliorations au fil des ans, avant d'être remplacée en 2002 par une version de 1200 cm³.

DES POUMONS PLEINS D'AIR

Le moteur est un 4-cylindres double arbre à cames en tête avec 16 soupapes, refroidi par eau. Il est certes classique, mais capable de délivrer 147 ch en version libre ! Pour évacuer au mieux les calories, un radiateur d'huile à 6 étages et un gros radiateur d'eau incurvé sont indispensables. Le moteur est alimenté par 4 gros carburateurs de 40 mm à boisseau semi-plat fini à la main ! Idem pour les conduits d'admission directs, polis manuellement, pour faciliter l'écoulement du mélange gazeux. De l'air frais gave une boîte à air de 14,10 litres. Le système RAM, alors à la pointe de la technologie, comporte encore un seul conduit – il y en aura deux à partir de 1993.

GROSSE MACHINE

Imposante, la ZZR 1100 est une machine surdimensionnée côté partie cycle. Le cadre est un élément périmétrique à doubles caissons latéraux en aluminium. La fourche de 43 mm et le mono amortisseur arrière Uni-Trak, chargé à l'azote, suspendent des roues en alliage d'aluminium avec moyeux ajourés pour réduire le poids. Les disques de freins de 310 mm à l'avant, jugés un peu trop petits, seront agrandis en 1992 (320 mm). Bien équipée avec un double totalisateur partiel au tableau de bord, des crochets pour fixer des sandows, une béquille centrale, des leviers réglables, la ZZR 1100 est longtemps restée au sommet de sa catégorie.

1991

YAMAHA FZ 750

Dévoilée en 1985, la Yamaha FZ 750 fit sensation en adoptant la première le concept « Genesis » qui allait influencer toute la future lignée de FZR : moteur avec cylindres inclinés, rampe de carburateurs presque verticale et 5 soupapes par cylindre.

Sportive dans l'âme, la machine sut négocier les années en adoptant en 1987 un carénage intégral et un échappement 4 en 1, tout en évoluant légèrement côté moteur. Dès sa commercialisation, la FZ 750 a fait preuve de ce tempérament de sportive, mais elle avait aussi de réelles qualités de routière, ce qui explique sa présence au catalogue Yamaha jusqu'en 1991. La machine avait à nouveau été améliorée entre-temps, afin de remédier à un de ses points faibles par rapport à la concurrence du moment : le freinage et les suspensions. Mais les bonnes choses ont une fin et, la ligne générale de la moto ayant pris un coup de vieux, la production de la FZ 750 cessa au début de la décennie 1990.

NOUVEAUX DISQUES

La roue avant de 16 pouces a longtemps été conservée sur la FZ 750, mais en 1989, elle passe à 17 pouces pour offrir plus de stabilité. Dans le même temps, les jantes ont été changées pour des éléments en alliage à trois branches creuses réduisant le poids non suspendu. Les disques ont aussi largement évolué. Les tout premiers comportaient des trous radiaux pour un meilleur refroidissement, mais avec l'échauffement, ces pièces avaient tendance à se voiler. En 1987, on les changea pour des disques à trous axiaux. Deux ans plus tard, le diamètre passe de 260 à 298 mm, et de nouveaux étriers à pistons juxtaposés font leur apparition.

VIEUX TABLEAU DE BORD

Le tableau de bord n'a guère évolué depuis 1989, mais il restait complet avec ses indicateurs de température d'eau et une jauge à essence parfaitement lisible grâce, entre autres, à un compte-tours muni d'une casquette pare-soleil. L'embrayage était hydraulique. Même si le moteur ne changea guère au cours des années, celui de 1987 connut une nette évolution avec de nouveaux ensembles pistons/bielles et un diagramme de distribution moins « poussé », assurant une meilleure combustion des gaz et plus de souplesse.

JAPON

ANNÉES DE PRODUCTION : 1985-1992

MOTEUR : 4 T, 4-cylindres en ligne, 2 ACT, 5 soup./cyl., refr. par eau

CYLINDRÉE : 749 cm³

ALÉSAGE X COURSE : 68 x 51,6 mm

PUISSANCE : 93 ch à 10 250 tr/mn

COUPLE : 7,4 m.kg à 8 500 tr/mn

ALIMENTATION : 4 carbus Mikuni de 34 mm

TRANSMISSION : embr. multidisque en bain d'huile, boîte de vitesses à 6 rapp., transm. finale par chaîne

SUSPENSION : avant, fourche télesc. de 39 mm ; arrière, bras oscillant avec monoamortisseur

FREINS : avant, double disque de 298 mm, étrier 2 pistons ; arrière, simple disque de 267 mm, étrier 2 pistons

POIDS : 210 kg

VITESSE MAX. : 245 km/h

IIIII GRANDE-BRETAGNE

ANNÉES DE PRODUCTION:
1991-1992

MOTEUR: 4 T, 4-cylindres en ligne, 2 ACT, 4 soup./cyl., refr. par eau

CYLINDRÉE: 998 cm^3

ALÉSAGE X COURSE: 76 x 55 mm

PUISSANCE: 100 ch à 11 000 tr/mn

COUPLE: 9 m.kg à 9 500 tr/mn

ALIMENTATION: 4 carbus Mikuni de 36 mm

TRANSMISSION: embr. multidisque en bain d'huile, boîte de vitesses à 6 rapp., transm. finale par chaîne

SUSPENSION: avant, fourche télesc. de 43 mm; arrière, bras oscillant avec monoamortisseur

FREINS: avant, double disque de 310 mm, étrier 4 pistons; arrière, simple disque de 255 mm, étrier 2 pistons

POIDS: 235 kg

VITESSE MAX.: 240 km/h

1992
TRIUMPH 1000 DAYTONA

Les premières Daytona dévoilées par Triumph au début des années 1990 étaient proposées en 750 et en 1000 cm³. En fait, ces machines ne furent pas longtemps commercialisées puisque ce sont surtout les 900 et, dans une moindre mesure, la 1200 qui s'imposèrent sur le créneau des sportives made in England.

La 750 (3-cylindres) et la 1000 (4-cylindres) Daytona faisaient donc partie de la nouvelle génération de Triumph présentée en 1991 et comprenant une large gamme avec une 900 Trophy (déclinée aussi en 1200) et une 750 Trident (disponible aussi en 900 cm³). On le voit, il existait donc deux 3-cylindres (750 et 900 cm³) et deux 4-cylindres (1000 et 1200 cm³) qui ne différaient entre eux que par le nombre desdits cylindres et/ou la course du piston, l'alésage étant dans tous les cas de 76 mm. La 1000 Daytona se voulait la plus résolument sportive, mais le cadre monopoutre en acier et les robustes composants dont elle était dotée ne la rendaient pas vraiment légère avec 235 kg à sec sur la balance. Malgré l'adoption d'un carénage intégral et de demi-guidons assez bas, la machine restait haute de selle et le moteur (autant que la partie cycle), bien que plein de bonne volonté, ne pouvait rivaliser avec la concurrence japonaise. La 1000 ne resta donc qu'une année sur le marché avant d'être remplacée par une 900 Daytona plus légère.

APPELLATION SPORT

Sur les flancs du carénage, la 1000 Daytona portait l'inscription « Sport ». En fait, à cause d'un poids à sec trop élevé, la moto était surtout une bonne GT saine mais difficile à emmener. Par ailleurs, la partie cycle n'incitait guère à cravacher le moteur. En revanche, le confort était jugé bon. Si la fourche Kayaba réglable en hydraulique et en précontrainte était identique sur toute la gamme (sauf la Trident qui ne disposait pas de réglages), le freinage était propre aux Daytona avec des disques flottants de 310 mm au lieu de 296 mm sur les autres motos et des étriers à quatre pistons opposés (au lieu de deux pistons juxtaposés).

MOTEUR SOUPLE

La 1000 Daytona adoptait un 4-cylindres disposant d'un couple assez élevé, mais le 3-cylindres des 750 Trident et 900 Trident/Trophy était mieux apprécié pour sa brutalité (ce qui explique qu'il fut ensuite choisi pour motoriser la 900 Daytona). La boîte de vitesses à 6 rapports se retrouvait sur tous les modèles, mais ces rapports étaient différents selon l'utilisation de la moto. Le cadre était un gros monopoutre tout acier avec un bras oscillant faisant appel à de l'aluminium.

IIII ITALIE

ANNÉES DE PRODUCTION : 1993-2000

MOTEUR : 4 T, bicylindre en L à 90° Desmo, 1 ACT/cyl., 2 soup./cyl., refr. par air/huile

CYLINDRÉE : 904 cm³

ALÉSAGE X COURSE : nc

PUISSANCE : 80 ch à 7 250 tr/mn

COUPLE : nc

ALIMENTATION : 2 carbus Mikuni de 38 mm

TRANSMISSION : embr. multidisque à sec, boîte de vitesses à 6 rapp., transm. finale par chaîne

SUSPENSION : avant, fourche télesc. inversée de 41 mm ; arrière, bras oscillant avec monoamortisseur

FREINS : double disque de 320 mm, étrier 4 pistons ; arrière, simple disque de 245 mm, étrier 2 pistons

POIDS : 185 kg

VITESSE MAX. : 230 km/h

1994

DUCATI 900 MOSTRO

C'est un coup de tonnerre qui éclate dans le petit monde motocycliste en 1993 lorsqu'est dévoilée la Ducati 900 Mostro (ou « il mostro »). Jusque-là, il y avait le clan des sportifs purs et durs juchés sur des 4-cylindres carénés, les routards du bout du monde en trails démesurés, les rouleurs en allemandes et les sages en « basiques ».

La Mostro (ou Monster depuis que la marque est la propriété du groupe américain Texas Pacific Group) est alors totalement à part et va inaugurer un nouveau concept qui sera petit à petit désigné sous le sobriquet de roadster. Volontairement dépouillée, l'italienne, conçue par l'ingénieur Bordi, se contente du strict minimum pour séduire son pilote. D'ailleurs, elle n'est proposée tout simplement qu'en rouge ! La machine n'a ni carénage ni compte-tours, dépourvue des « classiques Ducati » : échappements sous la selle, monobras... On est alors bien loin de l'habituelle production de la marque, jusque-là essentiellement orientée vers des modèles sportifs. Sa ligne, due au coup de crayon du designer Galluzi, n'a en tout cas pas pris une ride. En fait, Ducati a exploité un maximum de pièces déjà existantes pour garder un prix au plus juste et aller à l'essentiel : donner des sensations ! Bestial, ce nouveau monstre l'est assurément grâce à son twin de 80 ch et à une partie cycle aussi légère qu'agile (un peu trop même au goût de certains...). La 900 sera rapidement déclinée en 600 dès l'année suivante avec un succès encore plus monumental. Aujourd'hui retirée du catalogue dans sa version à carbus, la Monster continue sa carrière, alimentée par l'injection.

RIVÉE À LA ROUTE

La partie cycle de la 900 Mostro de la première génération fait naturellement appel à un treillis de tubes emprunté aux sportives des séries 851 et 888. Le moteur est porteur et l'amortissement arrière ainsi que le bras oscillant sont une fois de plus ceux de la 851. La fourche avant inversée est une Showa de 120 mm de débattement. Avec seulement 185 kg sur la balance, la Ducati est très légère et son agilité extraordinaire grâce à une direction très précise mais sensible. Contrairement aux apparences, la machine n'est pas trop inconfortable, les espaces ménagés dans le réservoir permettant de loger les genoux sans difficulté. En revanche, sur autoroute, l'absence de tête de fourche nuit évidemment au confort. Quant au passager, inutile même d'y penser, sa place s'apparentant plus à une planche en bois qu'à une selle.

UN TWIN RAGEUR

Le moteur de la Mostro de la première génération est dérivé des bicylindres à distribution Desmo par courroie des premières Pantah. Ce 904 cm^3 à deux soupapes par cylindre est de fait celui de la 900 SS, mais le braquet final est plus court pour privilégier le couple au détriment de la puissance pure. Ce moteur est surmonté par une grosse boîte à air alimentant les carburateurs Mikuni, derrière laquelle trône la batterie. L'ensemble est recouvert par le réservoir de 13,5 l qui est monté sur charnières. La transmission est assurée par un inévitable embrayage à sec, typique des Ducati, et une boîte à 6 rapports particulièrement bien étagée.

1994

SUZUKI DR 800S

C'est en quelque sorte pour mettre un terme à la course à la cylindrée que Suzuki a présenté en 1990 un monocylindre culminant à 800 cm³.

C'est alors (et toujours) le plus gros des monocylindres jamais produits. Cette moto originale reprenait la ligne de la DR 750S de 1987, reconnaissable à un «nez garde-boue» en forme de bec de canard et dont le moteur était un cousin de celui des DR 650. Premier gros trail Suzuki doté d'un démarreur électrique, cette DR 750 donne naissance, trois ans plus tard, à une DR 800S encore plus monstrueuse, mais à la puissance identique, quoique délivrée à 6600 tr/mn au lieu de 6800 tr/mn. Toutefois, la moto est étonnamment stable et confortable, avalant sans rechigner kilomètre après kilomètre, tout en étant très vive, puisque capable d'abattre un 0 à 100 km/h en un peu plus de 5 secondes. Les modèles produits à partir de 1991 reçoivent un «bec de canard» moins long, un réservoir réduit à 24 l (au lieu de 29), un nouveau système d'échappement dédoublé, un décompresseur automatique, une selle rabaissée et un disque de frein avant plus gros. L'année suivante, on note uniquement l'apparition d'une fourche de 43 mm au lieu de 41 mm. Jusqu'à la fin de la production, la machine ne connaîtra plus guère d'évolutions. Impressionnant à l'arrêt, ce mono de géant souffrait, comme tous les maxi trails de l'époque, d'une hauteur de selle démesurée.

QUEL PISTON !

Avec 779 cm³ et un alésage de 105 mm, on imagine sans peine la taille du piston de la DR 800. Un tel moteur procure naturellement un couple important à la moindre accélération. Techniquement, ce moteur retient le procédé SACS cher à Suzuki *(Suzuki Advanced Cooling System)*, qui permet de se passer d'un encombrant refroidissement par eau. Un radiateur d'huile vertical est bien visible à droite. Outre un démarreur électrique, la moto conserve un décompresseur automatique facilitant la mise en route.

HANDICAP FLAGRANT

Si tous les utilisateurs de DR 800S ont loué la tenue de route de ce gromono, ainsi que son confort même sur longs trajets, force est de reconnaître que cette imposante moto nécessitait d'avoir de très longues jambes à cause d'une hauteur de selle trop importante, revenant toutefois de 90 cm³ en 1990 à 86 cm en 1991. Par ailleurs, malgré la vivacité de cette Suzuki, les quasi 195 kg à sec des derniers modèles DR (contre 179 kg pour une DR 750S) se faisaient sentir en ville. Le surnom de «Big» accolé à la dénomination DR 800S était bien choisi, mais cette appellation commerciale disparut à partir de 1994, la machine n'étant plus référencée que sous le nom DR 800S dans la nomenclature Suzuki.

IIIII JAPON

ANNÉES DE PRODUCTION : 1990-1998

MOTEUR : 4 T, monocylindre vertical, 1 ACT, 4 soup./cyl., refr. par air/huile

CYLINDRÉE : 779 cm^3

ALÉSAGE X COURSE : 105 x 90 mm

PUISSANCE : 54 ch à 6 600 tr/mn

COUPLE : 6,32 m.kg à 5 400 tr/mn

ALIMENTATION : 2 carbus Mikuni BST33 de 33 mm

TRANSMISSION : embr. multidisque en bain d'huile, boîte de vitesses à 5 rapp., transm. finale par chaîne

SUSPENSION : avant, fourche télesc. de 43 mm ; arrière, bras oscillant avec monoamortisseur

FREINS : avant, simple disque de 300 mm, étrier 2 pistons ; arrière, simple disque de 250 mm, étrier 2 pistons

POIDS : 194 kg

VITESSE MAX. : 165 km/h

JAPON

ANNÉES DE PRODUCTION : 1989-1996

MOTEUR : 4 T, bicylindre en V à 75°, 1 ACT, 2 soup./cyl., refr. par air

CYLINDRÉE : 1063 cm³

ALÉSAGE X COURSE : 95 x 75 mm

PUISSANCE : 57,4 ch à 6000 tr/mn

COUPLE : 8,7 m.kg à 3000 tr/mn

ALIMENTATION : 2 carbus Mikuni de 40 mm

TRANSMISSION : embr. multidisque en bain d'huile, boîte de vitesses à 5 rapp., transm. finale par cardan

SUSPENSION : avant, fourche télesc. ; arrière, bras oscillant avec double combiné amortisseur

FREINS : avant, double disque de 267 mm, étrier 2 pistons ; arrière, tambour simple came

POIDS : 222 kg

VITESSE MAX. : 180 km/h

1995

YAMAHA XV 1100 VIRAGO

Yamaha présente son premier custom à la fin des années 1970. Il ne s'agit alors que d'un modèle extrapolé de la XS 650.

Le premier vrai custom à moteur V-Twin est la XV 1000SE, qui jette les bases de la future production Yamaha dans la catégorie. La XV 535 Virago de 1988 rajeunit le concept et son succès entraîne un nouveau remaniement de la gamme, qui adopte la même dénomination Virago. La XV 1000 prend donc quelques cm^3 et devient la XV 1100 Virago en 1989. Ce gros custom à la présentation avantageuse et à l'élégante finition bénéficie d'un imposant bicylindre de 1063 cm^3 refroidi par air délivrant un couple maximal à bas régime. La transmission finale par arbre et cardan conjugue propreté et silence de fonctionnement. La machine évoluera peu. Les premières XV 1100 étaient dotées de roues à bâtons et de disques de freins pincés par des étriers à deux pistons opposés, tandis que les modèles d'après 1994 sont caractérisés par des roues à rayons, des disques de freins de plus grand diamètre et des étriers de freins à pistons superposés. Une XV 750 Virago, presque identique, sera aussi dérivée de ce modèle.

CADRE OUVERT

Grosse selle à double étage, réservoir en goutte d'eau, grand guidon, longue fourche : pas de doute, il s'agit bien d'un custom. Mais on est loin du modèle Harley-Davidson, tant du côté mécanique que de la partie cycle. Cette dernière fait en effet appel à un moteur porteur avec un cadre ouvert et un faux berceau inférieur en tubes chromés. La XV 1100 et la XV 750 partagent d'ailleurs exactement la même partie cycle. L'empattement atteint 1525 mm, mais la hauteur de selle n'excède pas 715 mm. La roue avant de 19 pouces, assez étroite avec son pneu de 100 mm, est complétée par une jante de 15 pouces à l'arrière, chaussée d'un pneu de 140 mm.

V-TWIN MASTOC !

Le moteur V-Twin de la grosse XV 1100 est dérivé de celui de la XV 1000. Il s'agit d'un moteur moderne, calé à 75°, comprenant des culasses à simple ACT avec deux soupapes par cylindre. Le vilebrequin tourne sur roulement et le régime ne dépasse pas les 6000 tr/mn. En outre, le couple maximum est délivré à seulement 3000 tr/mn, ce qui rend ce V-Twin particulièrement vigoureux à tous les régimes (c'est même là la grosse différence avec la XV 750 dont le couple max. est atteint à 6000 tr/mn). L'allumage électronique TCI et le démarreur électrique (placé devant le moteur) sont de mise, même si ce beau moteur cultive le rétro avec ses chromes et ses silencieux en « pots de saucisson ».

1995

HONDA GL 1500 GOLDWING ASPENCADE

Véritable paquebot de l'autoroute, la GL 1500 n'engendre que des éloges. Il faut dire qu'elle fut avant tout destinée au marché américain où le clinquant et le superflu ont raison d'être.

Apparue en 1975 dans une version qui n'a plus grand-chose à voir avec l'Aspencade, la première Goldwing de 1000 cm³ inaugurait une mécanique originale avec un 4-cylindres à plat refroidi par eau accouplé à une transmission par arbre et cardan très automobile dans sa conception. Après les GL 1000, 1100 et 1200, c'est au tour de la GL 1500 d'être dévoilée. Sept ans plus tard, la 1500 fête le vingtième anniversaire de la lignée des Goldwing. Construite autour d'un 6-cylindres à plat de 1520 cm³ particulièrement doux et silencieux, la grosse « Gold » est à la moto ce que la limousine américaine est à la voiture, avec un équipement hors du commun, que l'on ne retrouve d'ailleurs que sur une telle moto (cruise-control, radio-K7, air chaud, compresseur pour les suspensions arrière et les pneumatiques, sièges Pullman, freinage intégral, coffre de rangement généreux...). La version SE (« Special Edition ») allait encore plus loin. Cette série limitée incluait un réglage des cale-pieds passager, un éclairage des commodos, un spoiler sur le coffre, plus de chromes, une selle relookée et un système audio plus perfectionné. Malgré ses quasi 395 kg à sec, la Honda 1500 reste étonnamment maniable, dotée heureusement d'une marche arrière électrique pour se sortir d'un emplacement de parking. Cette dévoreuse d'autoroute à la mécanique indestructible semblait avoir atteint la maturité dans cette version GL 1500, mais elle a été rejointe en 2000 par une GL 1800 encore plus imposante !

GRANDE LARGEUR

Large, la GL 1500 Goldwing est équipée de pneumatiques de taille assez faible (un 130 à l'avant et un 160 à l'arrière), ce qui favorise sa maniabilité. En 1995, la machine exhibe plus de chromes et des ouvertures ménagées dans le pare-brise améliorent la ventilation. La fourche avant est assistée pneumatiquement, tandis qu'à l'arrière, la suspension a été confiée à un double amortisseur lui aussi assisté par air et dont le réglage peut se faire au guidon en actionnant un petit compresseur électrique. Le freinage de type intégral fait appel à des disques cachés à l'avant par d'imposants flasques ventilés. Le disque arrière est de diamètre plus gros que celui monté à l'avant.

TOUT AU GUIDON

Le guidon d'une Goldwing est un véritable poste de pilotage à lui tout seul. Les commandes sont en effet regroupées autour des commodos. Outre les commandes classiques de veilleuses, phares, codes, clignotants et avertisseur sonore, le commodo gauche comprend un bouton pour les warnings et un ensemble permettant de « piloter » le radio K7 et d'effectuer la balance entre les enceintes arrière-avant ! L'embrayage est hydraulique, mais de type multidisque en bain d'huile. Juste au-dessus du faux réservoir (l'essence est logée sous la selle), un tableau regroupe divers boutons du système audio.

IIIII JAPON

ANNÉES DE PRODUCTION : 1988-2000

MOTEUR : 4 T, 6-cylindres à plat, 1 ACT, 2 soup./cyl., refr. par eau

CYLINDRÉE : 1520 cm^3

ALÉSAGE X COURSE : 71 x 64 mm

PUISSANCE : 100 ch à 5200 tr/mn

COUPLE : 15,3 m.kg à 4000 tr/mn

ALIMENTATION : 2 carbus de 36 mm

TRANSMISSION : embr. multidisque en bain d'huile, boîte de vitesses à 5 rapp., transm. finale par arbre et cardan

SUSPENSION : avant, fourche télesc. de 41 mm ; arrière, bras oscillant avec deux combinés amortisseurs

FREINS : avant, double disque de 296 mm, étrier 2 pistons ; arrière, simple disque de 316 mm, étrier simple piston

POIDS : 395 kg

VITESSE MAX. : 190 km/h

FRANCE

ANNÉES DE PRODUCTION : 2001-2006

MOTEUR : 4 T, bicylindre en V à 72°, 2 ACT, 4 soup./cyl., refr. par eau

CYLINDRÉE : 996 cm³

ALÉSAGE X COURSE : 98 x 66 mm

PUISSANCE : 85,3 ch à 7 500 tr/mn

COUPLE : 11,1 m.kg à 6 500 tr/mn

ALIMENTATION : inject. électr.

TRANSMISSION : embr. multidisque en bain d'huile, boîte de vitesses à 6 rapp., transm. finale par chaîne

SUSPENSION : avant, fourche télesc. de 43 mm ; arrière, bras oscillant avec simple combiné amortisseur

FREINS : double disque de 296 mm, étrier 2 pistons ; arrière, simple disque de 245 mm, étrier 2 pistons

POIDS : 190 kg

VITESSE MAX. : 220 km/h

2001
VOXAN 1000 SCRAMBLER

Le Scrambler a connu son heure de gloire aux États-Unis à la fin des années 1970. Ce type de machine se caractérisait par un échappement relevé très visible, des suspensions assez longues et un moteur rageur.

On était alors à mi-chemin entre le trail (qui n'existait pas vraiment) et le roadster (une dénomination un peu fourre-tout). Toutefois, ces motos ont marqué les esprits et la firme française Voxan, avec son gros V-1000, a ressuscité le mythe. La moto est conçue à partir des autres Voxan, mais la géométrie de la partie cycle est remaniée avec, entre autres, une fourche plus longue et une roue avant de 19 pouces. La ligne est très personnelle avec des courbes et des angles harmonieux, ainsi qu'une bonne finition. La prise en main est aisée, malgré un poids important, et la position de conduite incite à la balade rapide. Le moteur V-1000 est ici assagi par rapport aux autres Voxan, disposant toutefois d'un couple à couper le souffle.
Cette troisième déclinaison du V-Twin est très prometteuse et permet au constructeur national de disposer d'une gamme plus complète et surtout mieux orientée sur des niches de marché.

LA ROUE A GRANDI

Sur la Voxan 1000 Scrambler, la roue avant est de 19 pouces, alors que les V 1000 Roadster et 1000 Café Racer adoptent une roue de 17 pouces. Ce Scrambler est aussi le premier de la marque à recevoir des roues à rayons non tubeless. Les freins sont constitués par des disques et des étriers Nissin. Le reste de la partie cycle a été repensé : l'empattement est plus réduit avec et la fourche est une simple téléhydraulique non inversée.

AGILE ET JOUEUSE

La Voxan Scrambler évoque évidemment l'époque des Scramblers d'antan, avec ses deux échappements superposés. Le moteur en V ouvert à 72° a permis de conserver un empattement court à la moto, qui est ainsi très maniable et dotée d'une garde au sol appréciable de 170 mm. Sous le moteur peint en noir, on note la présence d'un sabot en plastique.

2001
BMW R 1150RT

Depuis maintenant plusieurs générations, le nom de BMW est inévitablement synonyme de motos routières. La BMW R 1150RT ne déroge pas à la règle et devient une des références.

Le concept général de cette dévoreuse de kilomètres n'a pas changé, mais la R 1100 RT apparue en 1995 a évolué en 2001 en se dotant du moteur Boxer porté à 1130 cm^3 et accouplé à une boîte de vitesses à 6 rapports. Esthétiquement, il n'y a pas de grand changement, excepté le garde-boue avant, mais un œil attentif notera une différence de la monte pneumatique arrière et le dessin plus « rond » de la moto dû à David Robb. À l'usage, le moteur fait preuve de meilleures reprises tout en étant encore plus confortable. Côté sécurité, la nouvelle R 1150RT est équipée d'un nouveau système de freinage intégral ABS Evo plus performant, mais qui est à ce jour un peu déroutant à basse vitesse, manquant de feeling et de progressivité. Bien sûr, cela n'est pas dangereux (au contraire même), mais il est nécessaire de réapprendre le dosage de la pédale. Reste que la grosse BMW, malgré son gabarit, demeure une vraie routière, à l'aise sur route et autoroute sans être handicapée en ville. Le concept a par la suite évolué pour donner naissance à une version portée à 1200 cm^3.

MACHINE FACILE

La BMW R 1150RT, malgré son poids approchant les 280 kg, est encore plus saine que l'ancienne monture. Elle s'inscrit assez facilement dans les virages grâce à une répartition des masses différente liée à la boîte de vitesses à 6 rapports un peu plus longue. Le moteur passe de 1085 à 1130 cm^3 et le taux de compression a été augmenté de 10,7: 1 à 11,3: 1. Si la puissance n'augmente que de 5 ch, elle est plus disponible à tous les régimes. La boîte à 6 rapports permet d'exploiter au maximum la mécanique qui reprend mieux en accélération.

DESIGN AMÉLIORÉ

Toujours aussi protecteur, le tête de fourche du carénage reçoit une nouvelle optique comprenant des antibrouillards. Le garde-boue est lui aussi différent, tout comme la selle qui améliore encore la position de conduite. L'embrayage est à commande hydraulique et la roue arrière accueille un pneumatique de section 170/60 au lieu de 160/60 sur la R 1100RT. Le freinage fait désormais appel à un nouvel ABS intégral non déconnectable au tableau de bord.

ALLEMAGNE

ANNÉES DE PRODUCTION : 1999-2003

MOTEUR : 4T, bicylindre à plat, 1 ACT, 4 soup./cyl., refr. par air et huile

CYLINDRÉE : 1130 cm^3

ALÉSAGE X COURSE : 101 x 70,5 mm

PUISSANCE : 95 ch à 7 250 tr/mn

COUPLE : 10,2 m.kg à 5 500 tr/mn

ALIMENTATION : inject. électr. Bosch Motronic

TRANSMISSION : embr. monodisque à sec, boîte de vitesses à 6 rapports, transm. finale par arbre et cardan

SUSPENSION : avant, fourche Telelever ; arrière, monobras oscillant avec monoamortisseur Paralever

FREINS : avant, double disque de 320 mm, étrier à 4 pistons ; arrière, simple disque de 276 mm, étrier à 2 pistons, ABS Evo

POIDS : 279 kg

VITESSE MAX. : 205 km/h

2001

DUCATI 916 MONSTER S4

Le succès presque inattendu de la 900 Monster au début des années 1990 a poussé Ducati à décliner cette machine en une gamme complète.

La recette a fonctionné depuis au-delà de toutes espérances, mais la marque de Bologne s'était contentée de proposer des Monster de cylindrées inférieures à la grosse 900. Avec la 916 Monster S4, Ducati met le turbo et propose ni plus ni moins une moto diabolique, à la fois machine de Superbike et roadster sans concession. Désormais refroidi par eau, le Twin de la Monster dépasse les 100 ch. Toujours aussi bestiale, sinon plus, que les monstres précédemment enfantés par la firme italienne, la S4 restait quand même assez exclusive avec un prix haut perché et une position de conduite peu confortable. De plus, elle exigeait un entretien coûteux et rigoureux.

COMMANDE HYDRAULIQUE

La S4 reçoit l'embrayage de feu la 916. Il s'agit d'un embrayage multidisques à sec mais à commande hydraulique. Le réservoir est fixé sur une platine ajourée sur le guidon. La grosse fourche inversée de 120 mm de débattement est une Showa identique à la gamme Monster, mais réglable. Le cadre, toujours en treillis tubulaire, provient de la ST4. Enfin, le freinage est assuré par les mêmes disques et étriers que ceux dont est pourvue la supersportive 996.

MOTEUR DE 916

La S4 a hérité du moteur de la 916 qui n'est plus produite. Comme la routière sportive ST4, cela lui permet de bénéficier à moindre coût d'un moteur toujours aussi moderne. Il s'agit d'un bicylindre en L à 4 soupapes refroidi par eau à distribution desmodromique. La puissance a été ramenée à 101 ch à 8750 tr/mn – alors qu'il développe 105 ch à 9000 tr/mn sur la ST4. À l'origine, il était caché par le carénage de la 916. Sur la S4, il est fièrement exhibé, mais il conserve un côté « usine à gaz » avec ses durits, câblages et autres capteurs. Pour faciliter la maintenance, le réservoir se soulève via une charnière et permet d'accéder au filtre à air. Sous le moteur, on aperçoit la cartouche du filtre à huile de type automobile.

IIII ITALIE

ANNÉES DE PRODUCTION : 2001-2003

MOTEUR : 4 T, bicylindre en L, 2 ACT, 4 soup./cyl., refr. par eau

CYLINDRÉE : 916 cm³

ALÉSAGE X COURSE : 94 x 68 mm

PUISSANCE : 101 ch à 8 750 tr/mn

COUPLE : 9,3 m.kg à 7 000 tr/mn

ALIMENTATION : injection électronique Marelli

TRANSMISSION : embr. multidisque à sec, boîte de vitesses à 6 rapp., transm. finale par chaîne

SUSPENSION : avant, fourche télesc. inversée de 43 ; arrière, bras oscillant avec monoamortisseur

FREINS : avant, double disque de 320 mm, étrier 4 pistons ; arrière, simple disque de 245 mm, étrier

POIDS : 193 kg

VITESSE MAX. : 230 km/h

IIIII ITALIE

ANNÉES DE PRODUCTION : 2001-2015

MOTEUR : 4 T, bicylindre en V culbuté, 2 soup./cyl., refr. par air

CYLINDRÉE : 1064 cm³

ALÉSAGE X COURSE : 92 x 80 mm

PUISSANCE : 91 ch à 7800 tr/mn

COUPLE : 9,6 m.kg à 6000 tr/mn

ALIMENTATION : injection électr.

TRANSMISSION : embr. bidisque à sec, boîte de vitesses séparée à 6 rapp., transm. finale par cardan

SUSPENSION : avant, fourche télesc. inversée de 40 mm ; arrière, bras oscillant avec monoamortisseur

FREINS : avant, double disque de 320 mm, étrier 4 pistons ; arrière, simple disque de 282 mm, étrier 2 pistons

POIDS : 226 kg

VITESSE MAX. : 230 km/h

2001

MOTO GUZZI V11 LE MANS

À l'instar de Ducati avec sa nouvelle Mike Hailwood Replica, Moto Guzzi, désormais sous la tutelle d'Aprilia, renoue avec son prestigieux passé.

La V11 Sport était déjà un clin d'œil à la mythique V7 Sport ; la nouvelle V11 Le Mans enfonce davantage le clou. Certes, de la lignée des Le Mans, la moto ne conserve que l'architecture moteur. On a donc ici affaire à un bicylindre en V culbuté, à deux soupapes par cylindre et refroidissement par air comme il y a vingt-cinq ans sur la première Le Mans. Toutefois, la comparaison s'arrête là. Le 1064 cm^3 est en effet celui de la V11 Sport de l'année 2000, mais la partie cycle, identique à la nouvelle V11 Sport, a été revue et la machine est dotée d'un demi-carénage très efficace. Par rapport aux anciennes générations des Le Mans, le confort est nettement amélioré, ce qui permet à la moto d'abattre des centaines de kilomètres sans problème, d'autant que le réservoir de 22 l offre une considérable autonomie. Le caractère rageur et volontaire du V-Twin n'a pas pour autant été gommé et les 91 ch sont bel et bien là.
La finition est aussi à la hauteur avec une fourche inversée Marzocchi, un monoamortisseur White-Power avec bonbonne de réglage très accessible, un freinage Brembo confié à des disques série Or, une peinture deux tons du plus bel effet et une finition noire mate des carters moteurs.

CONFORTABLE

Le tête de fourche, avec son optique ronde, évoque immanquablement la première Le Mans. Cet accessoire apporte un réel confort. Pour éviter les remontées d'air, des déflecteurs ont été placés à l'intérieur. La V11 Le Mans est aussi nettement améliorée côté finition: toutes les arêtes du carénage reçoivent un jonc en caoutchouc, la visserie est en inox. On est bien loin des Guzzi d'antan!

FREINS BREMBO

Le freinage et la tenue de route ont toujours été les points forts des Moto Guzzi et la V11 Le Mans ne déroge pas à cette règle. Les disques avant sont des Brembo de 320 mm pincés par des étriers à 4 pistons série Or. Ils freinent une roue Brembo en alliage de 17 pouces chaussée d'un pneu de 120 mm. La roue arrière est aussi de 17 pouces, mais la monte pneumatique atteint 180 mm. La fourche aux fourreaux peints en noir comme le moteur est inversée et offre un débattement de 120 mm. Elle est réglable en compression et en rebond.

MYTHIQUE LE MANS

La ligne de cette nouvelle Le Mans est moderne, mais rappelle évidemment les anciennes séries produites par Moto Guzzi. La peinture «rouge et cristal» est en harmonie avec la finition noire du moteur et de la partie cycle.

IIII ÉTATS-UNIS

ANNÉES DE PRODUCTION : 2002-2015

MOTEUR : 4 T, bicylindre en V à 45° culbuté, 2 soup./cyl., refr. par air

CYLINDRÉE : 883 cm³

ALÉSAGE X COURSE : 76,2 x 96,8 mm

PUISSANCE : 50 ch à 6 000 tr/mn

COUPLE : 7 m.kg à 4 100 tr/mn

ALIMENTATION : 1 carbu Keihin de 40 mm

TRANSMISSION : embr. multidisque en bain d'huile, boîte de vitesses à 5 rapp., transm. finale par courroie crantée

SUSPENSION : avant, fourche télesc. de 39 mm ; arrière, bras oscillant avec double combiné amortisseur

FREINS : double disque de 292 mm, étrier 4 pistons ; arrière, simple disque de 292 mm, étrier 2 pistons

POIDS : 227 kg

VITESSE MAX. : 160 km/h

2002 HARLEY-DAVIDSON XL 883R

Fer de lance et entrée de gamme d'Harley-Davidson, la 883 Sportster n'en finit pas de changer de peau ! Elle date tout de même de 1957, du moins si l'on se réfère à la configuration de base du moteur de 883 cm³.

L'histoire de cette bicylindre tout droit sortie de Milwaukee est jalonnée d'évolutions, notamment sur le plan de la puissance, afin de contrer tout au long des années 1960 les twins anglais. Mais après l'épisode AMC – qui voit une baisse généralisée de la fiabilité et de la finition des motos –, le moteur Evolution est lancé en 1986 en deux cylindrées (883 et 1000 cm³). Fini le vieux Shovelhead ! La machine conserve toutefois la boîte de vitesses intégrée et la même cylindrée. En 1991, la boîte adopte 5 rapports et la transmission secondaire se fait par courroie. Les dernières versions de la cuvée 2000 se distinguent quant à elles par un nouveau vilebrequin, des poussoirs de soupapes améliorés et une transmission revisitée.
Avec la 883R de 2002, Harley-Davidson fait un clin d'œil aux fabuleuses XR 750R. Cette machine à l'habillage noir et orange est ainsi plus agressive qu'une Sportster 883 standard ou qu'une 883 Hugger.

MOTEUR EVO

Par rapport au V-Twin de la 883 Sportster, celui de la XL 883R est rigoureusement identique si l'on excepte la peinture noire des cylindres et l'échappement 2 en 1 spécifique. On a donc toujours affaire à un V-Twin culbuté à 2 soupapes par cylindre et culasse en alliage. L'alimentation entre les cylindres est confiée à un carburateur Keihin à boisseau à membrane de 40 mm avec pompe de reprise. La lubrification par carter sec (le réservoir est sous la selle) se fait jusqu'au moteur par des conduits internes et l'huile redescend ensuite par gravité dans les puits des tiges de culbuteurs.

ROUES À BÂTONS

La XL 883R se distingue des autres 883 par ses roues à bâtons identiques à celles de la Sportster 1200 S Sport. La moto est freinée par trois disques (un seul disque sur les autres Sportster), tous pincés par des étriers à 4 pistons. Le diamètre de ces disques a sensiblement augmenté en 2001, passant de 265 mm à 292 mm. La fourche est une téléhydraulique Showa de 175 mm de débattement. À l'arrière, on trouve deux combinés Showa réglables en précontrainte.

JAPON

ANNÉES DE PRODUCTION : 2002-2008

MOTEUR : 4 T, bicylindre en V à 90°, 2 ACT, 4 soup./cyl., refr. par eau

CYLINDRÉE : 645 cm^3

ALÉSAGE X COURSE : 81 x 62,6 mm

PUISSANCE : 69 ch à 9 000 tr/mn

COUPLE : 6,28 m.kg à 7 400 tr/mn

ALIMENTATION : 2 carbus Mikuni BDSR39 de 39 mm

TRANSMISSION : embr. multidisque en bain d'huile, boîte de vitesses à 6 rapp., transm. finale par chaîne

SUSPENSION : avant, fourche télesc. ; arrière, bras oscillant avec monoamortisseur

FREINS : avant, double disque de 290 mm, étrier 2 pistons ; arrière, simple disque de 240 mm, étrier 2 pistons

POIDS : 165 kg

VITESSE MAX. : 200 km/h

2002
SUZUKI SV 650N

Depuis 1998, la gamme SV de Suzuki n'en finit pas de surprendre par son dynamisme. Les deux SV 650 – une « S » comme « Sport » avec tête de fourche et une « N » comme « Naked », démunie de carénage – font en effet preuve d'une excellente santé moteur et d'une maniabilité leur permettant de rivaliser avec des machines plus puissantes.

Si la marque japonaise n'a pas connu que des jours heureux avec la TL 1000, elle aussi animée par un moteur bicylindre en V, les SV s'arrachent comme des petits pains! Un maxiplaisir pour un miniprix! Volontairement dépouillée, affichant un poids inférieur de 4 kg par rapport à la SV 650S et s'en distinguant par un empattement plus court, la SV 650N n'en demeure pas moins toujours une référence en 2002.
À l'aise partout, relativement confortable, pratique et ludique, la SV a légèrement évolué, mais elle conserve tous ses atouts. Au passage, le millésime 2002 perd ses coloris noir et rouge, mais voit l'arrivée d'une version gris métal.

UN TWIN QUI SAIT SE VENDRE

Le moteur en L (avec un angle ouvert à 90°) est suspendu dans un cadre original composé d'un treillis tubulaire en aluminium de couleur magnésium. Ce twin de 650 cm^3 développe 70 ch, puissance raisonnable mais tout à fait exploitable grâce à une boîte de vitesses particulièrement bien étagée. Vif, ce moteur à double ACT est aussi très accessible pour l'entretien courant: vidange et changement de filtre à huile se font très rapidement.

PLUS COURTE

Le freinage est très apprécié : endurant, puissant, offrant de bonnes sensations, il comprend rien moins que deux disques flottants et des étriers à 2 pistons. Sur la N, l'empattement est augmenté de 5 cm (1415 mm contre 1420). A priori, la S est donc plus maniable puisque plus courte. À l'usage, la N est pourtant plus polyvalente car elle dispose d'un guidon plus haut et d'une position de conduite plus confortable. Pour 2002, la moto a eu droit à une fourche avant réglable en détente.

2002

HONDA STX 1300 PAN EUROPEAN

La nouvelle Honda STX 1300 Pan European n'a pratiquement plus rien à voir avec l'ancienne version haut de gamme qui débuta sa carrière il y a déjà plus de treize ans. Il est vrai que ce vaisseau de la route commençait à sérieusement dater et ne dévoilait plus d'innovations majeures.

Si le moteur V-4 liquide longitudinal a été conservé, il prend du poids côté cylindrée avec 1300 cm^3 et se dote inévitablement d'une injection électronique PGM-F1. L'augmentation conjointe de l'alésage x course a permis d'accroître les reprises et, de plus, ce V-4 est plus compact grâce à un déplacement de l'alternateur entre les cylindres. Mais c'est surtout du côté de la partie cycle et de l'habillage que les changements sont les plus visibles. Plus anguleuse comme le veut la mode actuelle, la Pan European nouvelle génération est construite autour d'un tout nouveau cadre double poutre en aluminium remplaçant le vieux cadre tout acier. Plus légère et plus dynamique, elle reste quand même une grosse routière, mais cette masse en mouvement est parfaitement maîtrisable dès les premiers tours de roue.
La STX 1300 a par la suite doucement évolué sans vraiment changer malgré une concurrence de plus en plus agressive. Elle n'a pas survécu elle non plus aux nouvelles normes antipollution et disparaît après Euro 4 au début de l'année 2017.

RÉGLABLE OU PAS RÉGLABLE ?

La STX 1300 hérite d'un tout nouvel habillage avec deux phares multi-réflecteurs et une tête de fourche anguleuse. Le pare-brise est réglable électriquement, mais il ne s'agit là que d'une option. À l'usage, la machine est très silencieuse, sans aucune vibration, pratique avec sa selle réglable et sécurisante grâce à ses pare-chocs intégrés aux flancs. La fourche à assistance pneumatique voit son diamètre augmenter et, à l'arrière, le bras oscillant « tout alu » est lui aussi nouveau. Le réservoir d'essence est en deux parties : un bidon conventionnel de 20,8 litres et un second sous la selle de 8,20 litres.

FREIN COUPLÉ

La Pan European a été la première moto Honda à être équipée du freinage ABS couplé à l'antipatinage TCS en 1992. Pour 2002, la version 1300 reçoit toujours un ABS (en option), mais aussi un système de couplage des freins avant et arrière CBS identique à celui de la VFR-800 de la dernière génération. Un antivol HISS (l'allumage se coupe tant que la bonne clef n'a pas été introduite) est monté de série.

JAPON

ANNÉES DE PRODUCTION : 2003-2016

MOTEUR : 4 T, 4-cylindres en V, 2 ACT par rangée de cylindres, 4 soup./cyl., refr. par eau

CYLINDRÉE : 1261 cm³

ALÉSAGE X COURSE : 78 x 66 mm

PUISSANCE : 106 ch à 8000 tr/mn

COUPLE : 12,7 m.kg à 6500 tr/mn

ALIMENTATION : inject. électronique PGM-F1

TRANSMISSION : embr. multidisque en bain d'huile, boîte de vitesses à 5 rapp., transm. finale par arbre et cardan

SUSPENSION : avant, fourche télesc. de 45 mm ; arrière, bras oscillant avec monoamortisseur

FREINS : avant, double disque de 310 mm, étrier 3 pistons ; arrière, simple disque de 316 mm, étrier 3 pistons, système Dual CB

POIDS : 276 kg

VITESSE MAX. : 210 km/h

JAPON

ANNÉES DE PRODUCTION : 2002-2007

MOTEUR : 4 T, 4-cylindres en ligne face à la route, 2 ACT, 5 soup./ cyl., refr. liquide

CYLINDRÉE : 998 cm³

ALÉSAGE X COURSE : 74 x 58 mm

PUISSANCE : 152 ch à 10500 tr/mn

TAUX DE COMPRESSION : 11,8 à 1

ALIMENTATION : injection électr.

TRANSMISSION : embr. multidisque à bain d'huile, boîte de vitesses à 6 rapp., transm. finale par chaîne

SUSPENSION : avant, fourche télesc. inversée de 43 mm ; arrière, bras oscillant avec mono amortisseur Monocross

FREINS : avant, double disque de 298 mm, étrier 4 pistons ; arrière, simple disque de 220 mm, étrier à 2 pistons

POIDS : 174 kg

VITESSE MAX. : 275 km/h

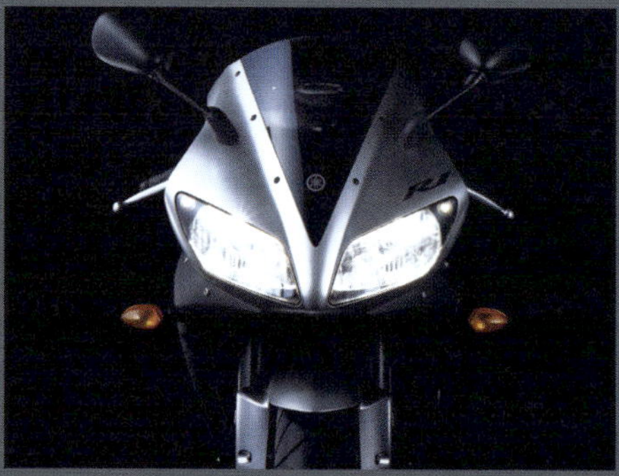

2002
YAMAHA YZF R1

Dévoilée en 1998, l'YZF-R1 a révolutionné le monde des supersportives à cause de son rapport poids/puissance inégalé de 150 ch en version libre pour 177 kg. Légère et extrêmement agile, la R1 n'a alors pas d'équivalente.

La concurrence ne s'en remettra pas et la Yamaha va caracoler en tête des ventes dans sa catégorie pendant encore de longues années jusqu'à l'arrivée de la nouvelle Suzuki GSX-R-1000 en 2001. Pour contrer justement cette offensive, la R1 se radicalise davantage : après avoir perdu du poids, elle adopte en 2002 une injection. À l'intérieur de ce 4-cylindres sont enchâssées de nouvelles chemises traitées au magnésium dissipant mieux la chaleur et l'échappement 4 en 1 a cédé sa place à un 4 en 2 en 1 partiellement en titane. Mais l'évolution la plus perceptible pour ce modèle est la position de conduite plus sportive, davantage centrée vers l'avant grâce aux repose-pieds décalés et remontés (le moteur est lui aussi recentré vers l'avant) et un nouveau cadre Deltabox III. Sur le papier, ce cadre, qui comporte moins d'éléments soudés, offre une rigidité accrû de 30 %. Ce recentrage des masses épaulé par une réduction de la course de la fourche avant permet à la Yamaha d'être exemplaire en entrée de courbe. La ligne de la R1 reste toutefois clairement identifiable avec un tête de fourche marqué par un pli prononcé mais elle gagne un feu arrière à leds. La moto 2002 dispose désormais d'un cadre peint en noir mat, d'un témoin de rupteur au tableau de bord et d'un freinage légèrement repensé. La R1 ne changera que peu jusqu'en 2007 avec un modèle totalement refondu doté d'un moteur à 4 soupapes au lieu du traditionnel Genesis à 5 soupapes.

CADRE NOIR

Le modèle YZF-R1 de 2002 se reconnaît immédiatement à son cadre peint en noir mat. Ce cadre de la 3e génération (Deltabox III) a sensiblement évolué sur ce modèle grâce à un nouveau procédé de fabrication par hydroformage (un fluide sous pression contraint la pièce disposée dans une matrice à prendre sa forme définitive). Plus rigide, sa forme a aussi imposé une position de conduite plus en avant.

QUELQUES RETOUCHES

La fine poupe gagne un feu de taille réduite éclairé par des leds. L'échappement allégé bénéficie aussi pour 2002 d'un 4 en 2 en 1 au lieu du classique 4 en 1 du modèle précédent.

UN ŒIL DE VERRE

Depuis 1998, le regard aiguisé de la Yamaha YZF-R1 a marqué à tout jamais le design des motos. Ce carénage a ensuite été adopté par l'YZF-R6 puis à l'YZF-R7. Quoique très racé, il s'avère peu protecteur à haute vitesse.

2003

KAWASAKI Z 1000

En 1976, Kawasaki présenta un successeur à la légendaire Z 900, la Z 1000, qui, pourtant, ne remporta pas le succès escompté. Aujourd'hui, cette appellation réapparaît avec un roadster à la philosophie bien actuelle. La Z 1000 arrive à point nommé pour rajeunir la gamme des roadsters et leur ZRX au style vieillissant.

Cette machine se veut résolument provocatrice afin de contrer la Yamaha 1000 Fazer et la Honda 900 Hornet. Ses lignes sont tendues, anguleuses et trapues. Pour affiner l'arrière, la coque de selle est empruntée au style hyper-sport. La ligne d'échappement, avec ses quatre silencieux inox, est très futuriste, mais elle remplace avantageusement l'imposant silencieux qui équipe la majorité de ce genre de machines. Très léger, le cadre est de type « diamant », formé de tubes de gros diamètre à paroi mince et le moteur monté suspendu confère à l'ensemble une grande rigidité. Le bras oscillant en aluminium extrudé est emprunté à la ZX-9R Ninja. Mais l'influence de la grosse sportive ne s'arrête pas là. La fourche de 41 mm de type inversé est entièrement réglable, tout comme l'amortisseur arrière Uni-Trak. À l'avant, les disques semi-flottants de 300 mm sont équipés d'étriers à 4 pistons, eux aussi issus des hypersports. Le moteur, pièce maîtresse de la Z 1000, est emprunté à la ZX-9R, mais avec quelques aménagements.

L'objectif des ingénieurs fut d'améliorer la puissance à mi-régime. La cylindrée est donc portée à 953 cm^3. Le 4-cylindres se voit greffer une injection électronique. La culasse est profondément remaniée avec, entre autres, des conduits d'admission plus horizontaux et un angle de soupape plus étroit. Ce nouveau roadster se veut donc riche en sensations... Il marquera peut-être autant les esprits que ses glorieux aïeux.

DU GROS CUBE AVANT TOUT

Pour propulser la bête, Kawasaki n'y est pas allé par quatre chemins. C'est tout simplement le moteur de l'hypersportive ZX-9R qui fut choisi. Mais le 4-cylindres a été revu pour donner le maximum de sensations à mi-régime. Sa cylindrée passe donc de 900 cm^3 à 953 cm^3. Les carburateurs laissent leur place à une rampe d'injection au diamètre d'admission de 38 mm. La culasse a été redessinée avec des conduits d'admission horizontaux et des chambres de combustion agrandies pour s'adapter au nouvel alésage. Le profil des arbres à cames est revu afin d'optimiser les bas et moyen régimes... L'angle des 16 soupapes est plus étroit pour une combustion plus efficace.

ÉVOLUTIONS

Grâce à son look agressif, la Z 1000 rencontre immédiatement le succès. Elle est transformée en 2007 en un street-fighter encore plus incisif, avant de recevoir un moteur plus puissant de 1 043 cm^3 et une partie cycle raffermie. Elle ne cessera ensuite d'évoluer pour perdurer et contrer la concurrence, avant une disparition annoncée pour 2021, norme Euro 5 oblige.

JAPON

ANNÉES DE PRODUCTION : 2003-2020

MOTEUR : 4T, 4-cylindres en ligne, 2 ACT, 4 soupapes., refr. par eau

CYLINDRÉE : 953 cm³

ALÉSAGE X COURSE : 77,2 x 50,9 mm

PUISSANCE : 127 ch à 10 000 tr/mn

ALIMENTATION : injection électronique

TRANSMISSION : embr. multidisque en bain d'huile, boîte de vitesses à 6 rapp., transm. finale par chaîne

SUSPENSION : avant, fourche télescopique ; arrière, bras oscillant avec monoamortisseur Uni-Trak

FREINS : simple disque de 300 mm, étriers à 4 pistons ; arrière, simple disque de 250 mm, étrier simple piston

POIDS : 223 kg

VITESSE MAX. : 240 km/h

2003

YAMAHA FJR 1300 A

Apparue en 2001, la FJR 1300 est perçue chez Yamaha comme une grande routière au long cours, mais aussi comme une machine qui se doit de durer en s'améliorant au fil des millésimes. C'est pourquoi la toute dernière des FJR, au même titre que son « ancêtre » la FJR 1200, est proposée aujourd'hui avec un freinage ABS.

La version avec freinage classique existe toutefois toujours et bénéficie en 2003 des mêmes améliorations, excepté bien sûr l'ABS. Ce dernier reprend le concept du freinage à deux circuits comme sur l'ancienne 1000 GTS ou le récent scooter YP 250 Majesty. Parallèlement, en suivant les demandes des utilisateurs, la FJR 1300 a subi quelques retouches au niveau du pare-brise, des suspensions et du carénage qui intègre, par exemple, un petit vide-poches. Plus lourde (la FJR 1300 standard pèse à sec 244 kg et la version ABS 251 kg), la grosse routière de Yamaha s'est révélée depuis deux ans une excellente avaleuse de kilomètres. Grâce à l'ABS, elle devient une alternative à une moto comme la BMW R 1150RT, plus chère.

L'ABS ENTRE EN SCÈNE

L'antiblocage est désormais indispensable sur une machine qui se veut une grande routière et la FJR 1300 n'échappe pas à cette règle. Le système ABS Yamaha gère indépendamment la roue avant et la roue arrière grâce à des capteurs placés sur elles qui envoient leurs informations à un boîtier électronique ECU. Celui-ci commande ensuite une centrale hydraulique qui agit sur l'une ou l'autre roue. La présence de ce freinage contrôlé a imposé le changement des disques de freins qui ont un diamètre plus important (320 mm contre 298 mm auparavant) et nécessite le montage d'un nouveau maître-cylindre Brembo avec levier réglable sur 5 positions. Le tableau de bord est aussi équipé d'un voyant ABS. Parallèlement, les suspensions bénéficient de réglages plus fins.

TOUJOURS PLUS

Améliorée esthétiquement pour plus de confort et un meilleur aérodynamisme, la FJR va évoluer sans cesse au fil des années. En 2006, elle est secondée par une version AS à embrayage électronique, tandis qu'un nouveau tableau de bord est introduit. Elle gagne quelques chevaux en 2013, change de transmission en 2016, mais à cause des normes Euros 5, elle disparaît en 2020 après un dernier baroud d'une série limitée Ultimate Edition.

JAPON

ANNÉES DE PRODUCTION : 2003-2020

MOTEUR : 4 T, 4-cylindres en ligne, 2 ACT, 4 soup./cyl., refr. par eau

CYLINDRÉE : 1298 cm³

ALÉSAGE X COURSE : 79 x 66,2 mm

PUISSANCE : 145 ch à 8000 tr/mn

COUPLE : 13,7 m.kg à 7000 tr/mn

ALIMENTATION : injection électr.

TRANSMISSION : embr. multidisque en bain d'huile, boîte de vitesses à 5 rapp., transm. finale par cardan

SUSPENSION : avant, fourche télesc. de 48 mm ; arrière, bras oscillant avec monoamortisseur

FREINS : avant, double disque de 320 mm, étrier 4 pistons ; arrière, simple disque de 282 mm, étrier 2 pistons, ABS

POIDS : 251 kg

VITESSE MAX. : 250 km/h

ITALIE

ANNÉES DE PRODUCTION : 2003-2006

MOTEUR : 4 T, bicylindre en L, 2 ACT/cyl., 4 soup./cyl., refr. par eau

CYLINDRÉE : 748 cm^3

ALÉSAGE X COURSE : 90 x 58,8 mm

PUISSANCE : 103 ch à 7 750 tr/mn

COUPLE : 7,8 m.kg à 8 500 tr/mn

ALIMENTATION : inject. électr. Marelli

TRANSMISSION : embr. multidisque disque à sec, boîte de vitesses à 6 rapp., transm. finale par chaîne

SUSPENSION : avant, fourche télesc. inversée de 43 mm ; arrière, bras oscillant avec monoamortisseur

FREINS : avant, double disque de 320 mm, étrier 4 pistons ; arrière, simple disque de 240 mm, étrier 2 pistons

POIDS : 199 kg

VITESSE MAX. : 250 km/h

2003
DUCATI 749

La nouvelle Ducati 749 partage la même philosophie que la 999. Il est d'ailleurs difficile de les dissocier, tant la ressemblance entre les deux modèles est frappante..., excepté la finition jaune qui est propre à la 749.

Au même titre que la 999 succédant à la 998, la 749 est l'héritière de la 748. Comme sa grande sœur, cette moto dispose du moteur Testastretta refroidi par eau (qui remplace le Desmoquattro). Très fine, très étroite, la 749 reste une hypersportive assez exclusive aussi bien à l'usage qu'à l'achat. Elle est certes moins chère que la 999, mais la position de conduite est toujours aussi ramassée sur l'avant. Très vive, dotée d'une excellente motricité, rivée à la route grâce à ses gommes Pirelli Corsa, la machine fait preuve d'un dynamisme peu commun, même si le moteur tend à s'essouffler un peu plus vite à haut régime que celui de la 999. La 749 standard est – comme à l'accoutumée chez Ducati – complétée par une 749 S, encore plus exclusive, avec amortisseur arrière Öhlins (en lieu et place de l'élément Bogue), fourche à revêtement en titane et colonne de direction à angle variable.
La 749 et la 749S sont aussi disponibles en version monoplace (Monoposto) ou avec selle biplace (Biposto). La première est plus légère grâce à un treillis arrière en aluminium et bénéficie de réglages ergonomiques supplémentaires.

COURSE PLUS COURTE

Sur le nouveau moteur Testastretta, la course est un peu plus courte qu'auparavant. Ainsi, les hauts régimes sont atteints plus rapidement grâce à une vitesse linéaire moindre du piston. La culasse à angle de soupapes fermé permet d'obtenir un moteur plus compact tout en accroissant le diamètre de ces dernières. Ces 4 soupapes par cylindre sont actionnées par des arbres à cames plus légers et la lubrification a été très soignée : on a fait appel au procédé assisté par ordinateur CFD (Computational Fluid Dynamics) mis au point par le département course Ducati. L'échappement catalysé comprend des tubes qui n'ont pas la même longueur, mais qui présentent des diamètres variables afin de compenser cette dissymétrie. La boîte à air a aussi considérablement augmenté.

TOUJOURS UN TREILLIS

Fidèle au cadre treillis, Ducati utilise le moteur comme élément rigidificateur de la 749. Le principe de la centralisation des masses a été retenu pour que le centre de gravité soit seulement à 460 mm du sol. La moto est ainsi stable aussi bien à l'accélération qu'au freinage. Les tés de fourche sont avancés de 36 mm par rapport à l'ancienne 748 grâce à un té supérieur en aluminium directement taillé dans la masse. La 749 S reçoit une fourche Showa inversée avec revêtement TIN (Titanium Nitride). Le freinage fait appel à de nouveaux disques en acier Brembo moins épais, qui sont déportés par rapport à la jante pour faciliter leur refroidissement.

2003

SUZUKI SV 650N

Profitant du lancement de sa nouvelle SV 1000, Suzuki n'a pas hésité à remanier sa SV 650, vieille de trois ans seulement et qui reste un des best-sellers de sa catégorie.

Calquée sur sa grande sœur, cette nouvelle SV se démarque par son cadre inspiré de celui de l'hypersportive R6, conçu par moulage sous pression avec quatre parties soudées entre elles. Le remodelage ne s'arrête pas là, avec une alimentation par injection électronique, un nouveau tableau de bord digital et un feu arrière à «barrettes» leds. Le moteur, lui, ne change pas, mais l'injection permet entre autres de gagner en souplesse.

Toujours aussi agile et diablement efficace, la SV 650 est proposée en version N (dépourvue de tête de fourche) ou en version S (avec carénage), le tout à un prix Suzuki, c'est-à-dire franchement attractif.

MOTEUR À INJECTION

C'est une fois de plus pour répondre aux nouvelles normes antipollution que la SV 650 s'est vue greffer l'injection. Celle-ci comporte deux papillons et des pipes d'admission de 39 mm. Le reste du moteur ne change guère. Il s'agit toujours d'un V-Twin refroidi par eau, mais le radiateur est plus étroit. Pour tirer parti de la motorisation, une boîte à 6 rapports se charge de la transmission.

ÉCRAN DE CONTRÔLE

Le tableau de bord comprend un unique élément central, de forme presque triangulaire. Le compte-tours à fond blanc surmonte un écran à affichage digital indiquant la vitesse, l'heure, la température d'eau, la réserve d'essence. À cet égard, le nouveau réservoir permet d'emporter un litre de carburant supplémentaire. La partie cycle fait appel à un cadre en aluminium moulé sous pression permettant de gagner 3 kg. Les suspensions avant sont désormais réglables en ressorts. La nouvelle SV 650 se distingue aussi par un empattement légèrement revu à la hausse.

JAPON

ANNÉES DE PRODUCTION : 2003-2009

MOTEUR : 4 T, bicylindre en V à 90°, 2 ACT, 4 soup./cyl., refr. par eau

CYLINDRÉE : 645 cm³

ALÉSAGE X COURSE : 81 x 62,6 mm

PUISSANCE : 69 ch à 9 000 tr/mn

COUPLE : 6,28 m.kg à 7 400 tr/mn

ALIMENTATION : inject. électr.

TRANSMISSION : embr. multidisque en bain d'huile, boîte de vitesses à 6 rapp., transm. finale par chaîne

SUSPENSION : avant, fourche télesc. ; arrière, bras oscillant avec monoamortisseur

FREINS : avant, double disque de 290 mm, étrier 2 pistons ; arrière, simple disque de 240 mm, étrier 2 pistons

POIDS : 165 kg

VITESSE MAX. : 200 km/h

ÉTATS-UNIS

ANNÉES DE PRODUCTION : 2004 ...

MOTEUR : 4T, bicylindre en V longitudinal, refroidissement par air, 2 soupapes par cylindre culbutées

CYLINDRÉE : 1449 cm^3

ALÉSAGE X COURSE : 95,3 x 101,6 mm

TAUX DE COMPRESSION : 8,8 à 1

PUISSANCE : 67 ch à 5200 tr/m

ALIMENTATION : injection électronique

TRANSMISSION : embrayage en bain d'huile, boîte de vitesses à 5 rapports, transmission finale par courroie

SUSPENSION : avant, fourche télescopique de 41,3 mm ; arrière, bras oscillant avec double combiné amortisseur à air

FREINS : avant, double disque de 292 mm, étrier à 2 pistons ; arrière, simple disque de 222 mm, étrier à 2 pistons

POIDS : 330 kg

VITESSE MAX. : 150 km/h

2004

HARLEY-DAVIDSON FLHT ELECTRA GLIDE STANDARD

Depuis 1965, l'Electra Glide (ainsi surnommée à ses débuts parce qu'elle fut la première des « big twins » à recevoir un démarreur électrique) n'a de cesse d'évoluer au sein de la gamme du constructeur de Milwaukee.

Ce véritable paquebot destiné à cruiser tranquillement sur les highways américaines reçoit un énorme pare-brise en aile de chauve-souris (« batwing ») en 1969 et cet équipement devient désormais le signe distinctif de l'Electra-Glide. Modèle de luxe, la machine aura connu bien des générations de moteurs, dont le Twin Cam 88 culbuté adopté par Harley-Davidson entre 1999 et 2006. L'Electra Glide se décline alors en deux versions, l'Ultra Classic équipée d'un grand nombre d'accessoires et la Standard plus sobre, proposée à un tarif moins élevé. La « Standard » conserve toutefois le pare-brise, les grandes sacoches, le système audio pour le pilote et le passager mais perd le top-case ou encore les pare-jambes carénés. La machine recevra à partir de 2007 le moteur Twin Cam 96 de 1584 cm³ sans rien sacrifier à son confort avant de passer au moteur de 103 cubic inch (1680 cm³) et enfin le 1803 cm³ sur la lignée des machines CVO (Custom Vehicle Operation) qui sont des Harley-Davidson préparées par un département spécifique de la marque.

TWIN CAM 88

Comme il est d'usage chez Harley-Davidson, le moteur de l'Electra Glide se montre pour être vu. Il s'agit sur le modèle 2004 du Twin cam 88 (1450 cm³) dévoilé en 1999 en remplacement de l'ancien bloc « Evo ». Mais à cette date, il existe déjà des versions de plus fortes cylindrées, les Electra Glide Screaming Eagle qui sont préparées en usine pour recevoir un bloc porté à 103 cubic inch (1690 cm³). Enfin, à partir de 2007, la gamme reçoit le nouveau bloc Twin Car 96 ci de 1 584 cm³ avant que la gamme ne soit proposée de série avec le 103 ci puis le Milwaukee Eight.

CONFORT ROYAL

La version Ultra Classic de l'Electra Glide est richement dotée avec un véritable coffre arrière dans lequel on peut loger deux casques et un carénage avant incluant des pare-jambes avec déflecteur. Sur ce modèle, tout a été pensé pour le confort, un domaine dans lequel les Electra Glide ont toujours été les reines.

JAPON

ANNÉES DE PRODUCTION : 2004-2008

MOTEUR : 4 T, 4-cylindres en ligne, 2 ACT, 4 soup./cyl., refr. par liquide

CYLINDRÉE : 998 cm³

ALÉSAGE X COURSE : 75 x 56,5 mm

TAUX DE COMPRESSION : 11,9 à 1

PUISSANCE : 163 ch à 11 000 tr/mn

ALIMENTATION : injection électronique PGM-DSFI

TRANSMISSION : embr. multidisque en bain d'huile, boîte de vitesses à 6 rapp., transm. finale par chaîne

SUSPENSION : avant, fourche télesc. inversée de 43 mm ; arrière, bras oscillant et mono amortisseur Unit Pro-Link

FREINS : avant, double disque de 310 mm, étrier à 4 pistons ; arrière, simple disque de 220 mm, étrier à 4 pistons

POIDS : 178 kg

VITESSE MAX. : 290 km/h

2004

HONDA CBR 1000RR FIREBLADE

Forcée de s'adapter à une concurrence de plus en plus rude, la supersportive Honda CBR Fireblade finit peu à peu par délaisser sa cylindrée fétiche de 900 cm³ pour enfin culminer à 1000 cm³.

Le modèle précédent, lancé en 2002, affichait déjà 954 cm³ mais cette fois, la nouvelle Honda cube très exactement 998 cm³. Cette augmentation de cylindrée (par accroissement de la course de 54 à 56,5 mm) permet à Honda de répondre à la réglementation 2003 de la FIM qui permet désormais aux motos de 1000 cm³ de courir en catégorie superbike. D'ailleurs, la nouvelle venue partage sa ligne avec la RC 211V, la moto victorieuse en 2003 en Moto GP, un dessin qui a déjà inspiré la CBR 600 RR. En version libre, le moteur libère désormais 163 ch pour un poids annoncé de 178 kg, soit un gain de 12 ch comparé à la mouture précédente. L'alimentation se caractérise par une double injection séquentielle PGM-DSFI avec deux injecteurs indépendants par cylindre et par un système d'alimentation en air (Ram air system) géré par l'électronique qui favorise le remplissage du moteur à tous les régimes. Pourtant, la nouvelle Fireblade est plus lourde de 10 kg par rapport à sa devancière mais elle gagne en rigidité grâce à un amortisseur de direction géré électroniquement. Equipée d'un bras oscillant assez long pour mieux passer la motricité, d'une fourche inversée, d'étriers de freins radiaux, d'une boîte de vitesses à cassette extractible, d'un tableau de bord avec deux écrans digitaux surmontés d'un compte-tours, la CBR-1000 RR de l'année 2004 devient une supersportive efficace mais d'une prise en main aisée, comme la plupart des motos construites par Honda.

MODIFICATIONS MINEURES

Le style rappelle la RC 211V, la moto courant en 2003 en MotoGP. Cette dernière a aussi influencé la CBR 600 RR. Le carénage intègre de nouveaux optiques multiréflecteurs à feux étroits avec un feu de position placé entre les deux optiques.

COMPACITÉ ET PUISSANCE

Le bloc de 998 cm³ est étonnement compact avec par exemple un arbre secondaire placé sous l'arbre primaire, ce qui a permis de gager 50 mm sur la longueur du bloc. Toutefois, il se trouve assez d'espace dans le carter pour loger un contre-arbre d'équilibrage. Le démarreur passe quant à lui à droite, derrière les cylindres et le circuit de refroidissement a été redessiné. De nouveaux pistons forgés et des bielles sans écrou allégées forment l'équipage mobile et pour accroître les performances, les soupapes présentent un angle différent par rapport à l'ancien moteur de la Fireblade.

UN CADRE MOULÉ

Le cadre demeure de type Diamond mais sur le modèle 2004, il a été moulé selon le procédé de moulage par gravité. Au dessus du té de fourche se trouve la centrale électronique gérant l'amortisseur de direction.

2004

APRILIA RSV 1000 R

Lancée en 1998, l'Aprilia RSV 1000 (ou RSV Mille) à moteur bicylindre Rotax a su trouver son public. Jusqu'en 2004, il s'en était écoulé en effet 27 000 exemplaires, un joli score pour une machine sportive assez exclusive.

La RSV 1000 R de 2004 ne rompt d'ailleurs pas avec son passé mais cette machine se radicalise quelque peu, d'où l'ajout du « R » comme « Racing ». Elle se double aussi d'un modèle encore plus affûté, la RSV 1000 R Factory. Le modèle « R » qui remplace la RSV 1000 standard est plus abouti : la moto est ainsi plus basse de 25 mm, plus courte de 35 mm et la chasse aux kilos a permis de réduire les masses du moteur, du bras oscillant et du cadre. Le carénage est percé à l'avant d'une prise d'air « Air-Runner » encadrant un groupe optique à quatre phares fonctionnant deux par deux et les clignotants avant et arrière sont intégrés les premiers aux rétroviseurs, les seconds au dosseret. Esthétiquement plus agressive, avec un Cx abaissé, l'Aprilia a aussi bénéficié d'un nouveau bicylindre V60 « Magnesium » allégé. Les évolutions sont telles qu'il change même de nom (l'ancien bloc se dénommait V990). Le refroidissement est plus efficace, tout comme la combustion du mélange grâce à une optimisation de la cartographie d'allumage-injection et de nouvelles culasses avec une distribution remaniée. L'admission a été repensée et la mécanique peut désormais atteindre les 11 000 tr/mn.

Répondant aux normes Euro2, le V60 développe 139 ch. La moto conserve le système anti-dribblage de la roue arrière qu'elle fut la première à proposer de série. Très bien accueillie grâce entre autres à un prix contenu pour une italienne supersportive, la RSV 1000 ne sera éclipsée qu'en 2009 par une version à moteur V4 tout aussi performante, la RSV4.

UNE SÉRIEUSE CONCURRENTE

Agile et stylée, l'Aprilia RSV 1000 R se veut une alternative aux Ducati. Moins chère, elle est néanmoins tout aussi performante et bénéficie même de raffinements technologiques comme l'anti-dribblage de la roue arrière, dont sont alors dépourvues ses concurrentes.

GLOUTONNE EN AIR !

La RSV 1000 R de 2004 se singularise par une prise d'air frontale entre les optiques de phares. Ce système permet de mieux alimenter en flux d'air la boîte à air. Quand aux phares proprement dits, ils se composent de quatre éléments fonctionnant deux par deux.

UNE NOUVELLE LIGNE

Plus légère que le modèle précédent, la RSV 1000 R de 2004 est aussi un peu plus puissante. Elle inaugure aussi des clignotants intégrés dans les rétroviseurs et dans le dosseret. En revanche, elle ne cède pas à l'échappement sous la selle.

ITALIE

ANNÉES DE PRODUCTION : 2004-2009

MOTEUR : 4 T, bicylindres en V longitudinal à 60°, 4 soup./cyl., 2 ACT, refr. par liquide

CYLINDRÉE : 997,62 cm³

ALÉSAGE X COURSE : 97 x 67,5 mm

TAUX DE COMPRESSION : 11,8/1

PUISSANCE : 139 ch à 9500 tr/mn

ALIMENTATION : injection électronique multipoint indirecte

TRANSMISSION : embr. multidisque en bain d'huile avec commande PPC servo-assistée, boîte de vitesses à 6 rapp., transm. finale par chaîne

SUSPENSION : avant, fourche télehydraulique inversée de 43 mm ; arrière, bras oscillant et mono amortisseur progressif APS

FREINS : avant, simple disque Brembo de 30 mm, étrier à 4 pistons ; arrière, simple disque de 220 mm, étrier 2 pistons

POIDS : 189 kg

VITESSE MAX. : 275 km/h

2006

TRIUMPH 675 DAYTONA SE

Depuis 2005, la Triumph Daytona a su immédiatement trouver son public grâce à son moteur 3-cylindres au caractère bien affirmé et à la cylindrée originale de 675 cm³.

Cette moto tranche radicalement avec l'ancienne série des Daytona à 4-cylindres de 600 puis 650 cm³ qui ne connurent qu'un succès d'estime, éclipsées par les 600 supersportives japonaises. La 675 se démarque d'emblée par ses 123 ch en version libre et un bloc 3-cylindres peu large qui a permis d'offrir une machine étroite, étroitesse accentuée par des échappements à trois sorties groupées sous la selle. La ligne générale, affûtée comme un rasoir, n'est pas si éloignée des productions « made in Japan » mais la 675 Daytona conserve tout de même sa propre personnalité. En selle, la position est certes assez fatigante en ville mais dès que la route s'ouvre, la Daytona distille des sensations fortes en émotions grâce à son moteur qui mêle la rugosité d'un twin et les accélérations d'un four. En 2008, après qu'une Limited Edition (100 motos seulement) ait été commercialisée uniquement en Grande-Bretagne, la marque d'Hinckley propose une seconde version SE (Special Edition) identifiable à son coloris noir brillant dit « Phantom Black ». Cette Triumph arbore aussi des monogrammes et des jantes couleur or. En 2010, une nouvelle SE est présentée. Cette fois, la moto est blanc nacrée, rehaussé d'un cadre et de jantes bleus « Sparkle Blue » du plus bel effet. Modèle bien né qui n'a pas eu de réelle concurrence dans sa classe avant l'arrivée de la MV Agusta F3 qui a été dévoilée fin 2011.

SÉRIE LIMITÉE

La SE de 2008 est une simple édition limitée de la 675 Daytona normale dont elle se distingue par un coloris noir rehaussé de coloris or. En 2009, une autre version limitée mêlant le blanc et le bleu a aussi été commercialisée.

LE 3-CYLINDRES SELON TRIUMPH

Le moteur 3-cylindres de la 675 Daytona a permis de gagner en largeur par rapport à un classique 4-cylindres. Surtout, ce bloc donne toute la personnalité à cette moto attachante. Après quelques retouches et un nouveau moteur en 2014, la 675 Daytona cesse d'être fabriquée fin 2016.

MACHINE HOMOGÈNE

La cylindrée originale de la Daytona est unique en son genre, ce qui contribue aussi au caractère unique de cette machine. Si tout le monde est unanime quand aux sensations générées par la mécanique, la Triumph est dotée d'une partie-cycle exemplaire : freinage, tenue de route et maniabilité sont aussi ses points forts.

IIIII GRANDE-BRETAGNE

ANNÉES DE PRODUCTION : 2007-2012

MOTEUR : 3-cylindres en ligne face à la route, 2 ACT, 4 soup./cyl., refr. par liquide

CYLINDRÉE : 674,7 cm³

ALÉSAGE X COURSE : 74 x 52,3 mm

PUISSANCE : 123 ch à 12 500 tr/mn

TAUX DE COMPRESSION : nc

ALIMENTATION : injection électr.

TRANSMISSION : embr. multidisque à huile, boîte de vitesses à 6 rapp., transm. finale par chaîne

SUSPENSION : avant, fourche télesc. inversée de 41 mm ; arrière, bras oscillant avec monoamortisseur

FREINS : avant, double disque de 308 mm, étrier 4 pistons ; arrière, simple disque de 220 mm, étrier 1 piston

POIDS : 165 kg

VITESSE MAX. : 260 km/h

2007

KAWASAKI 1400 GTR

Kawasaki a toujours été une marque réputée dans le monde des motos sportives et pendant plus de 20 années, la marque ne pouvait compter que sur un unique modèle de moto Grand tourisme, la 1000 GTR qui, au fil des ans, ne connaît que très peu de modifications et n'a jamais vraiment pu être une concurrente des BMW série K ou de la Honda Pan European malgré un prix bien ciblé.

En 2007, Kawasaki dévoile donc une nouvelle GTR qui n'a plus grand-chose à voir avec l'ancien modèle. La 1400 GTR reprend la mécanique de la récente 1400 ZZR retouché pour offrir plus de couple à bas et moyen régime. Le cadre de type monocoque en est lui aussi étroitement dérivé et la machine conserve une transmission par cardan héritée de la 1000 GTR. Très confortable, cette dévoreuse d'asphalte n'en est pas moins assez massive à l'arrêt mais elle s'avère vite maniable grâce à un centrage des masses particulièrement soigné. Dotée de série de sacoches rigides, d'un pare-brise électrique, d'un contrôle électronique de la pression des pneumatiques, d'une prise de courant et d'un démarrage sans clef (le contact est établi dans un rayon de deux mètres via un petit boitier que l'on garde dans la poche), la 1400 GTR s'est ensuite affinée. En 2011, son pare-brise prend du volume et un anti-patinage KTRC ainsi qu'un freinage ABS assisté K-ACT apparaissent et, signe des temps, un mode « eco » permet de rouler « vert » en limitant la consommation.

RÉSERVOIR ABAISSÉ

Le cadre est de type monocoque en aluminium pressé comme sur la ZZR 1400 contemporaine, mais l'angle de chasse est augmenté pour une meilleure stabilité. Pour abaisser le centre de gravité, le réservoir de 22 litres se loge au centre du châssis et se prolonge partiellement sous la selle. Le bloc-moteur provient là encore de la ZZR 1400 avec culasse en magnésium et un vilebrequin plus lourd pour générer davantage d'inertie sur ce type de machine.

SOUS LES PROJECTEURS

Le carénage est large, améliorant la protection. Étudié en soufflerie, il abrite une batterie de quatre phares équipés de guide-lumières pour que la machine soit davantage visible sur les côtés. Le pare-brise est électrique mais la bulle, jugée pas assez haute pour certains gabarits, sera revue par la suite.

JAPON

ANNÉES DE PRODUCTION : 2007 ...

MOTEUR : 4T, 4-cylindres en ligne, refroidissement par liquide, 4 soupapes par cylindre, 2 ACT à distribution variable

CYLINDRÉE : 1 352 cm³

ALÉSAGE X COURSE : 84 x 61 mm

TAUX DE COMPRESSION : 11 à 1

PUISSANCE : 155 ch à 8 800 tr/m

ALIMENTATION : injection électr.

TRANSMISSION : embrayage multidisque en bain d'huile, boîte de vitesses à 6 rapports, transmission finale par cardan

SUSPENSION : avant : fourche télescopique inversée de 43 mm ; arrière : bras oscillant avec amortisseur Tetra Lever

FREINS : avant, double disque de 310 mm, étrier à 4 pistons ; arrière, simple disque de 270 mm, étrier à 2 pistons, ABS

POIDS : 304 kg

VITESSE MAX. : 250 km/h

ALLEMAGNE

ANNÉE DE PRODUCTION: 2008-2016

MOTEUR: 4 T, 4-cylindres en ligne, double ACT, 4 soup./cyl., refroid. par eau

CYLINDRÉE: 1293 cm^3

ALÉSAGE X COURSE: 80 x 64,3 mm

PUISSANCE MAX.: 175 ch à 9250 tr/mn

COUPLE: 14,5 m.kg à 8250 tr/mn

ALIMENTATION: inject. électronique

TRANSMISSION: embr. multidisque en bain d'huile, boîte de vitesses à 6 rapports, transm. finale par chaîne

SUSPENSION: avant, fourche Duolever; arrière, monobras Paralever avec simple combiné amortisseur

FREIN: avant, double disque de 320 mm, étriers à quatre pistons; arrière, simple disque de 264 mm avec étrier à 2 pistons

POIDS: 228 kg

VITESSE MAX.: 280 km/h

2008

BMW K 1300 S

C'est en 2004 qu'apparaît la première quatre-cylindres en ligne BMW. C'est là une petite révolution chez le constructeur bavarois, abonné soit au « quatre-à-plat » soit aux antédiluviens flat-twins.

Avec son nouveaux moteurs « Four » aux cylindres très inclinés capables de flirter avec les 10000 tr/mn, BMW vient désormais piétiner les plates-bandes des grosses sportives japonaises. En 2008, la première grosse évolution a lieu: la cylindrée passe à 1300 cm^3 par double accroissement de l'alésage et de la course. En version libre, le 4-cylindres atteint alors 175 ch contre 167 auparavant. Cet accroissement de cylindrée ne s'est pas fait au détriment du poids puisque le bloc est un peu plus léger, tout comme de nombreux éléments tels la suspension avant Duolever ou les étriers de freins. La transmission tout comme la partie-cycle ont été retouché pour plus d'agrément et comme d'habitude, le constructeur propose de nombreux équipements optionnels « high tech » comme les suspensions pilotées ESA II, l'antipatinage ASC, le shifter (passage des rapports de boîte sans débrayage) ou l'illumination automatique du tableau de bord à la nuit tombante. Grosse routière sportive par excellence, la K 1300 S est réellement une machine aux qualités dynamiques époustouflantes.

UN RAIL SUR ROUTE

La K 1300 S est la sportive de la gamme à moteur quatre -cylindres transversaux. Sa tenue de route a été particulièrement soignée. Le Duolever, avec ses deux bras guidant la roue avant, a été allégé de 1 kg en 2008 tandis que le pneu arrière est un peu plus haut pour améliorer l'absorption des irrégularités de la chaussée. En option, la moto peut recevoir le système ESA II (Electronic Suspension Adjustment) qui permet, en un clin d'œil, de régler depuis le poste de conduite les deux amortisseurs.

CYLINDRES TRÈS INCLINÉS

Le moteur est un quatre-cylindres en lignes avec des cylindres très inclinés à 55°. Cette disposition permet à la fois d'abaisser le centre de gravité et permet de loger une boîte à air et une alimentation avec des conduits très droits, presque verticaux.

La distribution côté droit entraîne un seul arbre à cames, celui d'échappement qui entraîne à son tour par pignon l'arbre à cames d'admission. Cette disposition a permis de réduire l'encombrement du moteur. Produite jusqu'en 2015, la 4-cylindres est épaulée en 2014 par une version Gran Tourer mieux équipée, avant d'être peaufinée côté confort l'année suivante. Elle est retirée du catalogue en 2016.

2008

MOTO GUZZI CALIFORNIA VINTAGE

Le modèle California est chez Moto-Guzzi depuis le début de la décennie 1970 la machine incontournable du constructeur.

Son nom indique clairement qu'elle est avant tout la plus américaine des italiennes, non pas pour copier les Harley-Davidson mais surtout parce qu'à la fin des sixties, les grosses V7 se vendent si bien aux USA qu'il est décidé, sous la pression de l'importateur américain, d'en extrapoler en 1975 une version répondant aux attentes des utilisateurs de la côte Est du pays. Et c'est ainsi que naquit la California, qui, depuis, est restée au catalogue. La Vintage joue d'ailleurs a fond la carte « rétro » avec un bon vieux twin culbuté refroidi par air bourré de « good vibrations », une profusion de chromes et une conduite à l'ancienne. Pour certains, cette machine est anachronique mais d'autres apprécient cette légende sur deux roues, justement parce qu'elle a des défauts : lourde, avec une boîte de vitesses lente, offrant une garde au sol limitée, elle n'est pas vraiment intuitive. Ses qualités sont ailleurs. La California sait séduire par son caractère, son couple généreux et cette sensation aujourd'hui disparue de rouler au rythme d'une mécanique qui souffle, vrombit et trépigne. Sans cesse remise au goût du jour, la California Vintage a donné naissance en 2011 à une belle série limitée destinée à fêter dignement les 90 ans de la marque.

POIDS LOURDS

Sur la California Vintage, nous entrons dans une autre ère, celle des dinosaures de la moto : ici, peu ou pas de plastique et d'écran digital mais de l'acier, des chromes et du tableau de bord avec cadrans ronds et voyants lumineux. Ce modèle dispose de deux optiques antibrouillard. Seule concession au modernisme : le moteur culbuté a reçu une injection électronique et des échappements catalysés. La California Vintage, encore produite en 2011 a été depuis remplacée par une nouvelle California 1400.

RÉTRO PASSION

À l'image du feu rond arrière, la California vintage se veut une moto rétro. Les garde-boues, les roues à rayons, les pare-cylindres avec déflecteurs et les sacoches arrière rigides contribuent aussi grandement à cette impression. Et comme depuis son apparition en 1975, la Calif' est équipée d'un freinage intégral.

IIIII ITALIE

ANNÉE DE PRODUCTION : 2006-2012

MOTEUR : 4T, bicylindre en V transversal, refroidissement par air, 2 soupapes par cylindre culbutées

CYLINDRÉE : 1064 cm^3

ALÉSAGE X COURSE : 92 x 80 mm

TAUX DE COMPRESSION : 9,8 à 1

PUISSANCE : 73,4 ch à 6 400 tr/m

ALIMENTATION : injection électronique

TRANSMISSION : embrayage à sec, boîte de vitesses à 5 rapports, transmission finale par cardan

SUSPENSION : avant : fourche télescopique de 41 mm ; arrière : bras oscillant avec double combiné amortisseur

FREINS : avant, double disque de 320 mm, étrier à 4 pistons ; arrière, simple disque de 282 mm, étrier à 2 pistons, freinage intégral

POIDS : 263 kg

VITESSE MAX. : 175 km/h

2008

KTM 1190 RC 8R

La marque autrichienne KTM retrouve une nouvelle vigueur dans les années 2000 avec des machines d'enduro et de nombreuses victoires dans le Paris-Dakar.

Avec la super-Duke 990 de 2005, la marque s'attaque au marché des roadsters virils. En 2008 apparaît pour la première fois une sportive, la 1190 RC8. Cette machine, avec sa silhouette affûtée comme une flèche, s'avère une vraie réussite. Traitée différemment des sportives japonaises, la RC 8 se remarque par sa qualité de finition et ses équipements haut de gamme (suspensions White-Power, réglages multiples des leviers, de la hauteur de selle, des repose-pieds etc.) La moto étrenne un nouveau bicylindre en V de 1148 cm³ de 155 ch à 10000 tr/mn. L'année suivante, le bloc passe à 1190 cm³ sur une version encore plus radicale, la RC 8R dont la puissance a été portée à 165 ch non seulement par accroissement de l'alésage mais aussi par modification de l'injection. La boîte de vitesses, jugée un peu rugueuse, a été revue et des jantes Marchesini allégées font leur apparition. Commercialisé à un tarif assez élevé, le modèle de 2011 est nettement plus attractif puisque la RC 8R est alors proposée au même prix que la RC 8 « de base ». Cette RC 8R bénéficie aussi d'un V-twin retravaillé avec un double allumage, un vilebrequin allégé et une nouvelle cartographie de l'injection.
Fort de 175 ch, ce moteur est aussi plus disponible et permet de profiter pleinement de la partie-cycle. Machine simple débarrassée de toute assistance électronique, la KTM RC 8R se révèle un deux-roues motorisé d'exception qui revient aux fondamentaux du deux-roues.

RÉGLAGES MULTIPLES

Le tableau de bord est entièrement digital si l'on excepte les classiques voyants lumineux d'avertissement. Sur la RC 8 R, la finition est exemplaire. On remarque l'amortisseur de direction White-Power perpendiculairement à la colonne de direction, les nombreux réglages des tubes de fourche et l'embrayage hydraulique. La RC 8 R est aussi chaussée de roues allégées Marchesini dont ne dispose pas la RC 8 standard.

L'ORANGE LUI VA SI BIEN

Les KTM offrent un choix limité de coloris, mais ceux-ci ont le mérite de trancher avec le reste de la production de motocyclettes. L'orange, couleur de la marque, est toutefois toujours présent. Sur le modèle 2011 de la RC 8R, la biellette de l'amortisseur est montée sur excentrique afin de faire varier l'assiette de la machine.

AUTRICHE

ANNÉES DE PRODUCTION : 2008-2010

MOTEUR : 4 T, bicylindre en V à 75°, 2 ACT, 4 soup./cyl., refr. par liquide

CYLINDRÉE : 1195 cm³

ALÉSAGE X COURSE : 105 x 69 mm

PUISSANCE : 175 ch à 10 250 tr/mn

TAUX DE COMPRESSION : 13,5 à 1

ALIMENTATION : injection électronique

TRANSMISSION : embr. multidisque en bain d'huile, boîte de vitesses à 6 rapp., transm. finale par chaîne

SUSPENSION : avant, fourche télesc. inversée de 43 mm ; arrière, bras oscillant et mono amortisseur réglable

FREINS : avant, double disque de 320 mm, étrier 4 pistons ; arrière, simple disque de 220 mm, étrier 2 pistons

POIDS : 186 kg

VITESSE MAX. : 285 km/h

JAPON

ANNÉE DE PRODUCTION : 2009-2011

MOTEUR : 4 T, bicylindre en v à 52°, simple ACT, 4 soup./cyl., refroid. par eau

CYLINDRÉE : 680,2 cm^3

ALÉSAGE X COURSE : 81 x 66 mm

PUISSANCE MAX. : 60 ch à 7 750 tr/mn

COUPLE : 5,8 m.kg à 5 500 tr/mn

ALIMENTATION : inject. électronique PGM-FI

TRANSMISSION : embr. automatique hydraulique centrifuge, boîte de vitesses séquentielles à 6 rapports à sélection électrique ou automatique à deux modes, transm. finale par arbre et cardan

SUSPENSION : avant, fourche télesc. hydraulique ; arrière, monobras oscillant Pro-arm avec simple combiné amortisseur

FREIN : avant, double disque de 296 mm, étrier à trois pistons ; arrière, simple disque de 276 mm avec étrier à 2 pistons, ABS, CBS

POIDS : 215 kg

VITESSE MAX. : 180 km/h

2009

HONDA DN 01

Les dernières années ont vu l'apparition de scooter de plus en plus gros, dotés de performances étonnantes leur permettant non seulement de se déplacer en ville mais aussi de rallier les centres urbains par routes ou autoroutes.

Fort de ce constat, la firme Honda a dévoilé en 2009 un nouvel engin, pas tout à fait une moto, mais pas non plus un scooter. Si la mécanique demeure un classique V-twin calé à 52° la transmission est tout à fait novatrice sur ce type de deux-roues à moteur puisqu'elle est de type automatique (avec deux modes, normal Divre ou Sport) ou encore de type séquentielle avec présélection manuelle. La transmission finale s'effectue quant à elle par arbre et cardan. Étonnament longue et basse, chaussée à l'arrière d'un énorme pneu de 190, la DN 01 ne passe pas inaperçue avec son design tout droit sorti d'un Manga Japonais. La position de conduite déroute au premier abord, puisqu'on est comme assis très bas, presque entre les deux roues. Bien équipée et dotée d'une excellente tenue de route, la DN01 est aussi très souple et confortable, exempte de vibrations. Elle est naturellement équipée de tous les derniers raffinements technologiques : tableau de bord digital ultra complet, freinage ABS, injection électronique PGM-FI, système anti-démarrage HISS etc. En commercialisant un deux-roues à la fois performant et original, une fois de plus, Honda fait là preuve d'un réel dynamisme. Reste à séduire la population motarde qui demeure, il faut bien l'avouer, assez conservatrice.

COMME DANS UNE VOITURE...

Sur le DN01, un GPS optionnel est proposé. Le tableau de bord est entièrement digital et comporte toutes les informations nécessaires à la conduite. Une batterie de voyants ronds sous l'écran regroupe les signaux d'avertissement, y compris celui du frein de parking.

UN ÉTRANGE ANIMAL

Vu de l'arrière, la machine dévoile sa relative étroitesse mais la Honda est chaussée d'un gros pneumatique de 190. On notera les imposants repose-pieds ainsi que les très efficaces rétroviseurs suffisamment larges. Le réservoir est très évidé sur les côtés pour pouvoir loger les genoux car la conduite s'effectue dans une position très assise, les jambes en avant comme sur un scooter. La commande de boîte séquentielle est placée au guidon droit et elle permet aussi de sélectionner les deux rapports automatiques (un long et un court). Mais, malgré son originalité, la DN 01 n'a pas vraiment trouvé son public.

ALLEMAGNE

ANNÉES DE PRODUCTION : 2009-...

MOTEUR : 4T, 4-cylindres en ligne face à la route, 2 ACT, 4 soup./cyl., refr. par liquide

CYLINDRÉE : 999 cm^3

ALÉSAGE X COURSE : 80 x 49,7 mm

PUISSANCE : 193 ch à 13 000 tr/mn

TAUX DE COMPRESSION : 13 à 1

ALIMENTATION : injection électr., gestion numérique BMS-KP

TRANSMISSION : embr. multidisque anti-dribble en bain d'huile, boîte de vitesses à 6 rapp., transm. finale par chaîne

SUSPENSION : avant, fourche télesc. inversée de 46 mm ; arrière, bras oscillant avec monoamortisseur

FREINS : avant, double disque de 320 mm ; arrière, simple disque de 220 mm, étrier 1 piston

POIDS : 178 kg

VITESSE MAX. : nc

2009
BMW S 1000 RR

Incontestablement, la BMW S 1000 RR a été la grosse surprise de l'année 2009. Car pour la première fois, la célèbre marque allemande, réputée pour son innovation mais aussi pour une gamme performante mais relativement sage par rapport aux productions japonaises, a tout simplement jeté un pavé dans la mare avec rien de moins que la plus puissante hypersportive du marché (en 2009).

La nouvelle S 1000 RR affiche en effet un indolent 193 ch en version full power ! Le nouveau bloc 4-cylindres de la machine, très étroit et n'accusant que 59,6 kg sur la balance, bénéficie de l'expérience BMW en Formule 1. Il est capable de donner toute sa puissance à 13 000 tr/mn, du jamais vu sur une moto sortie des usines bavaroises ! Extrêmement sophistiquée, la S 1000 RR dispose ainsi de série ou en option d'un shifter, d'un mode de gestion de la cartographie d'allumage et d'injection par 4 boutons basculeur (qui optimise la conduite selon les besoins), d'un système anti-dribble de la roue arrière complété par des capteurs gyroscopiques, de valves à l'échappement, d'un ABS ultra-léger etc. Le cadre est entièrement en aluminium tout comme l'énorme bras oscillant en forme de banane et l'imposante fourche de 46 mm est de type inversée. Taillée comme une flèche, agressive à souhait, le succès de cette machine, qui de surcroît est proposée à un tarif sensiblement équivalent à celui de ses concurrentes, ne s'est pas fait attendre d'autant qu'elle a raflé en France deux titres de championne de Superbike en 2010 et 2011. Légèrement retouchée en 2012 (avec entre autre une petite réduction de l'empattement et de quelques menues améliorations de la partie-cycle), la S 1000 RR n'a visiblement pas fini d'étonner les adeptes de motos ultra-sportives.

EST-CE BIEN UNE BMW ?

Le dessin de la S 1000 RR a de quoi surprendre lorsqu'on est habitué aux productions du constructeur allemand. Sportive jusqu'au bout des pneus, cette BMW est tout simplement la plus puissante des motos de grande série.

UN LOOK ORIGINAL

Le regard asymétrique est l'une des originalités de cette hypersportive bardée d'électronique embarquée.
La partie-cycle comporte un cadre périmétrique en aluminium et à l'avant une imposante fourche inversée de 46 mm complétée à l'arrière par un non moins énorme bras oscillant « banane ».

AU CŒUR DU MOTEUR

Le cœur de la S 1000 RR est ce fabuleux 4-cylindres en ligne avec une distribution reportée tout à droite. Si cette architecture n'est pas nouvelle, les soupapes en titane actionnées par des linguets capables d'encaisser des régies moteur très élevés, ou encore l'embrayage au-dessus du bloc et entraîné par chaîne, sont peu courant dans le monde de la motocyclette. La S 1000 RR est modifiée en 2015 puis en 2019, date à laquelle elle atteint les 207 chevaux.

JAPON

ANNÉES DE PRODUCTION :
2010-2015

MOTEUR : 4T, 4-cylindres en V à 76° face à la route, refroidissement par liquide, 4 soupapes par cylindre, 2 ACT/cyl.

CYLINDRÉE : 1237 cm³

ALÉSAGE X COURSE : 81 x 60 mm

TAUX DE COMPRESSION : 12 à 1

PUISSANCE : 173 ch à 10 000 tr/m

ALIMENTATION : injection électr.

TRANSMISSION : embrayage multidisque en bain d'huile, boîte de vitesses à 6 rapports, transmission finale par cardan (transmission à double embrayage DTC en option)

SUSPENSION : avant, fourche télescopique inversée de 43 mm ; arrière, monobras oscillant avec amortisseur Prolink

FREINS : avant, double disque de 320 mm, étrier à 6 pistons ; arrière, simple disque de 276 mm, étrier à 2 pistons, ABS combiné

POIDS : 267 kg

VITESSE MAX. : 260 km/h

2010

HONDA VFR 1200 F

C'est une lourde tâche qui incombe à la VFR 1200 F : succéder à la mythique VFR 750 et ses dérivés de 800 cm³ (bien que la VFR 800 reste au catalogue). Mais Honda a décidé de mettre les bouchées double et de faire passer la cylindrée du V4 directement de 800 à 1200 cm³ tout en optant pour une ligne innovante mais qui n'a pas toujours fait l'unanimité.

Pourtant, la VFR 1200 F est incontestablement un concentré d'innovations technologiques : le carénage est ainsi à double couche pour canaliser l'air apporté par des écopes à l'avant et le diriger vers les radiateurs tout en évacuant les calories qui peuvent gêner le pilote. Le moteur est lui entièrement nouveau. Ce V4 refroidi par liquide et ouvert à 76° comporte des cylindres arrière plus rapprochés que les cylindres avant. Le moteur est donc plus étroit là où le pilote place ses genoux. Disposant de 173 ch en version libre et d'un couple élevé, la VFR 1200 F bénéficie aussi d'une transmission par cardan, une première sur cette lignée de Honda. Elle conserve toutefois son monobras oscillant qui reste indissociable de la famille des VFR. Mais surtout, cette machine aboutie est proposée en option avec une boîte semi-automatique avec double embrayage DCT (Dual Clutch Transmission). Moderne avec sa commande de gaz à assistance électronique (Ride by Wire), un clapet à l'échappement, un tableau de bord digital ultra-complet ou encore deux modes de conduite (normal ou sport) sur la version pourvue du DCT, cette moto se veut sécurisante avec des étriers de frein à 6 pistons à l'avant et un ABS couplé à un freinage semi-intégral (lorsque la pédale de frein arrière est enfoncée, elle actionne aussi deux pistons du freinage avant).

DOUBLE EMBRAYAGE

La VFR 1200 reste fidèle au monobras oscillant mais il abrite sur cette cylindrée une transmission par arbre et cardan aussi discrète qu'efficace. La grosse innovation de cette machine provient de son double embrayage DTC optionnel accolé à une transmission automatique ou manuelle qui, dans ce dernier cas, se commande via une gâchette depuis le guidon.

UNE GRANDE VOYAGEUSE

La VFR 1200 F conserve sa vocation de grande routière en s'équipant de valises et d'un top case dont les coloris sont assortis à la machine. En option, un deuxième écran peut s'adapter à la bulle du pare-brise originel et la machine peut être équipée d'une béquille centrale.

JAPON

ANNÉE DE PRODUCTION : 2009-2016

MOTEUR : 4T, 4-cylindres en V à 65° face à la route, refroidissement par liquide, 4 soupapes par cylindre, 2 ACT/cyl.

CYLINDRÉE : 1679 cm^3

ALÉSAGE X COURSE : 90 x 66 mm

TAUX DE COMPRESSION : 11,3 à 1

PUISSANCE : 200 ch à 9000 tr/m

ALIMENTATION : injection électronique

TRANSMISSION : embrayage multidisque en bain d'huile, boîte de vitesses à 5 rapports, transmission finale par cardan

SUSPENSION : avant : fourche télescopique inversée de 52 mm ; arrière : bras oscillant avec monoamortisseur

FREINS : avant, double disque de 320 mm, étrier à 6 pistons ; arrière, simple disque de 298 mm, étrier à 2 pistons

POIDS : 310 kg

VITESSE MAX. : NC

2011
YAMAHA V-MAX 1700

En 2003, Yamaha cesse la commercialisation d'un de ses modèles phare, la V-Max. Véritable monstre sacré, la V-Max renaît de ses cendres fin 2009 dans une version survitaminée de 1700 cm³ qui flirte en version libre avec les 200 ch !

Incontestablement, la ligne de la moto évoque son ancêtre et ceux qui sont près à l'acheter doivent passer commande sur internet car il n'y en a d'abord pas pour tout le monde. Tel un taureau sauvage prêt à bondir, la V-Max 1700 est tout sauf discrète, même si son usage reste des plus limités. Dragster des villes, elle nécessite comme sa devancière une certaine poigne pour être menée. Il faut dire que la bête noire semble avoir été moulée dans un bloc de fonte. Pourtant, le moteur V4 gonflé à bloc reste souple et dès les premiers tours de roues, la Yamaha est relativement facile à mener si on ne tente pas de l'énerver à grand coup de gaz. Car passer les 4500 tr/mn, la cavalerie déboule sans crier gare. Peu pratique, avec une autonomie réduite, lourde et pas facile à vivre au quotidien, la V-Max reste néanmoins un objet culte qui s'est arraché en quelques mois. Une vraie machine à sensations qui avale toutefois sa ration de pneumatiques en quelques kilomètres et qui se monnaye au prix fort. Mais la passion, ça n'a pas de prix...

UN V4 SANS RIVAL

Le moteur V4 de la nouvelle V-Max 1700 n'a rien à voir avec l'ancien bloc de 1200. Ouvert à 65° (70° auparavant), il comporte deux culasses à quatre soupapes avec une distribution peu commune: les soupapes d'admissions sont entraînées par chaînes, celles d'échappement par pignons (voir photo). L'admission d'air provenant d'une énorme boîte est variable et gérée par électronique (système YCC-I) tandis que l'ouverture des gaz est de type « Drive by wire » sans câble (système YCC-T). La puissance maxi est de 200 ch à 9000 tr/mn, limitée en France à 106 ch à 5250 tr/mn.

LE RETOUR DU V-MAX

Imposante, large mais basse de selle, la nouvelle V-Max affiche une identité visuelle très proche de l'ancien modèle mais les deux roadsters sont très différents. Le cadre est une pièce périmétrique en aluminium coulé par gravité complétée par des pièces extrudées. Le moteur, très visible, sert aussi d'élément rigidificateur. La fourche inversée, avec ses 52 mm, est tout simplement monstrueuse au regard des roues de 18 pouces, presque petites.

2011

BMW K 1600 GT

La K 1600 GT marque le grand retour de BMW sur le marché des grandes routières.

Si la ligne de la machine évoque la K 1300 GT commercialisée fin 2008, la grosse 1600 s'en démarque complètement au niveau de la mécanique puisque l'on retrouve dans le cadre périmétrique en aluminium un inédit 6-cylindres. Cela faisait belle lurette qu'une moto n'avait pas été motorisée par un tel multicylindre en ligne et les machines qui ont adopté ce type de mécanique se comptent sur les doigts d'une main : la Benelli 750 Sei, la Honda 1000 CBX et la Kawasaki Z 1300 avaient ouvert la voie tout au long des années 1970 et, dans les années 1990, seule la Honda 1500 Goldwing osa le 6-cylindres, mais à plat. La K 1600 GT est une grosse moto mais qui, malgré son 6-cylindres, est d'une taille relativement contenue même si elle atteint les 320 kg tous pleins faits. Le moteur de 160 ch (en version libre) n'est certes pas plus puissant que celui de la K 1300 GT mais offre un très généreux couple de 17,8 m.kg, une vigueur et un comportement bien différents. D'une souplesse exemplaire (il reprend sans rechigner sur le 6e rapport même à 1000 tr/mn), ce bloc est secondé par une boîte à 6 rapports et l'inévitable transmission par cardan, arbre et pont. La tenue de route digne d'une sportive et le confort que ne renierait pas une limousine grâce à la fourche Duolever, permet de profiter pleinement du « coffre » généré par le 6-cylindres. La K 1600 GT est épaulée dans la gamme par une K 1600 GTL équipée en plus d'un imposant top-case mais qui, plus lourde, est plus limitée dynamiquement. Les options disponibles sont comme d'habitude chez le constructeur très nombreuses et élaborées allant de l'éclairage directionnel aux suspensions à réglage électronique.

LA TECHNIQUE DU PARALEVER

Ci-contre, vue de la boîte de vitesses et de la transmission par arbre traversant le monobras oscillant de la BMW K 1600 GT. L'ensemble constitue le système Paralever.

LE CHIFFRE « 6 »

Seule 6-cylindres en ligne de sa catégorie, la BMW K 1600 GT dévoile fièrement sa motorisation. Le monogramme « 6 » est gravé sur les carters de la boîte de vitesses et l'échappement double se termine par six sorties. Depuis quelques années, on assiste à un grand retour de carénages plus minimalistes qu'auparavant, sans pour autant sacrifier la protection.

UN VRAI CHÂSSIS

Le cadre est un ménage d'alliage et d'acier. Sa forme complexe rappelle nettement les carrosseries autoporteuses du monde automobile. La structure avant sert de point d'ancrage au carénage avant et du tableau de bord.

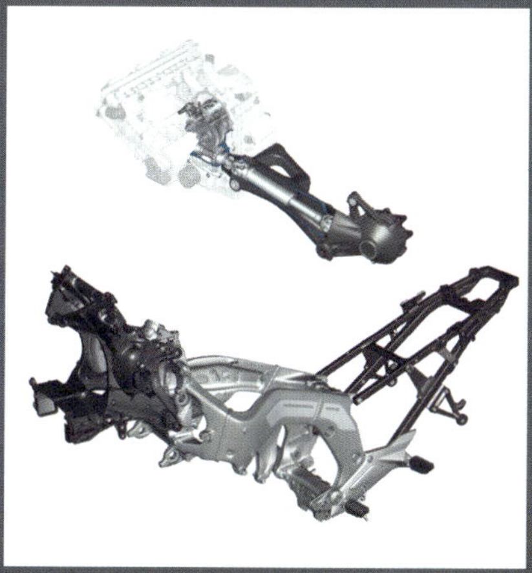

IIIII ALLEMAGNE

ANNÉES DE PRODUCTION : 2011-2016

MOTEUR : 4T, 6-cylindres en ligne face à la route, refroidissement par liquide, 4 soupapes par cylindre, 2 ACT

CYLINDRÉE : 1649 cm^3

ALÉSAGE X COURSE : 72 x 67,5 mm

TAUX DE COMPRESSION : 11,2 à 1

PUISSANCE : 160 ch à 8 250 tr/m

ALIMENTATION : injection électr., gestion moteur numérique

TRANSMISSION : embrayage multidisque en bain d'huile, boîte de vitesses à 6 rapports, transmission finale par cardan

SUSPENSION : avant : fourche Duolever ; arrière : Paralever

FREINS : avant, double disque de 320 mm, étrier à 4 pistons ; arrière, simple disque de 320 mm, étrier à 2 pistons, ABS Intégral BMW

POIDS : 295 kg

VITESSE MAX. : 250 km/h

IIIII ITALIE

ANNÉES DE PRODUCTION : 2012-2014

MOTEUR : 4T, bicylindre en V à 90°, 2 ACT, 4 soup./cyl., système desmodromique, refr. par liquide

CYLINDRÉE : 1197 cm^3

ALÉSAGE X COURSE : 112 x 60,8 mm

PUISSANCE : 195 ch à 10750 tr/mn

TAUX DE COMPRESSION : nc

ALIMENTATION : injection électr.

TRANSMISSION : embr. multidisque en bain d'huile, boîte de vitesses à 6 rapp., transm. finale par chaîne

SUSPENSION : avant, fourche télesc. Marzocchi inversée de 50 mm ; arrière, bras oscillant avec monoamortisseur Sachs réglable

FREINS : avant, double disque de 330 mm, étrier à 4 pistons ; arrière, simple disque de 245 mm, étrier à 2 pistons

POIDS : 164 kg

VITESSE MAX. : nc

2012 DUCATI 1199 PANIGALE

La dernière née de la marque Ducati est à ce jour la plus aboutie des motos de superbike. Avec 195 ch et seulement 164 kg annoncés sur la balance, cette nouvelle 1199 Panigale est l'arme ultime pour régner sur les circuits.

Cette 1199 n'est pas une simple évolution de l'ancienne 1198 car il s'agit d'un tout nouveau modèle doté d'une mécanique entièrement repensée.

Certes, le bon vieux bicylindre en L à 90° est toujours là, mais ce «Superquadro» est désormais équipé non pas d'une distribution par courroies (un héritage de la lignée des Pantah de 1979), mais d'un ensemble mixte chaînes et pignons, le système desmodromique avec rappel des soupapes ayant toutefois été conservé. La moto hérite d'un tout nouvel échappement qui n'est plus logé sous la selle mais sous le moteur afin d'abaisser le centre de gravité. Le cadre n'a plus non plus grand chose à voir avec l'ancien treillis tubulaire cher à la marque puisqu'il s'agit d'une structure monocoque en aluminium où le moteur se retrouve suspendu par ses culasses tandis que le bras oscillant est directement ancré aux carters du twin.

Pour mieux contrôler la puissance, la Panigale est bardée d'électronique : il est possible de gérer soit même sa cartographie d'injection depuis le guidon, de régler électroniquement ses suspensions, du moins sur la version plus exclusive «S», de déconnecter l'ABS, de paramétrer le frein moteur et l'antipatinnage etc. Bien sûr, toute cette débauche de technologies a un prix mais qui peut résister à la nouvelle Ducati ?

MACHINE ÉLECTRONIQUE

La Ducati 1199 Panigale est une férue d'électronique embarquée. La version S plus sportive (mais aussi nettement plus chère) est ainsi équipée de série d'un contrôle électronique des suspensions avant et arrière. Ce modèle S est ainsi doté d'éléments Öhlins et non pas Marzocchi sur la version standard.

ÉCHAPPEMENT TORTURÉ

Le nouveau bloc en L de la Panigale, caractérisé par une distribution mixte chaîne et pignons, est suspendu dans un nouveau cadre monocoque. L'échappement n'est plus sous la selle comme auparavant mais sous le moteur. Il adopte une forme assez torturée et sa présence a nécessité de repositionner l'amortisseur arrière, placé sur le côté.

NÉE À PANIGALE

Le nom Panigale se réfère à la ville où la firme Ducati est née, Borgo Panigale. Cette nouvelle 1199 est en effet un peu l'aboutissement de tout le savoir-faire Ducati. Avec 195 ch, elle revendique tout simplement 25 ch de plus que l'ancienne 1198. En revanche, elle conserve ce fameux regard plissé inauguré en 1994 par la non moins mythique 916.

2012

BMW S 1000RR HP4

La S 1000RR est chez BMW le nouveau fleuron hypersport. Mieux, elle constitue même l'une des supersportives les plus performantes des années 2010 grâce à son 4-cylindres de 193 ch (!) en version libre.

Taillée pour les courses de Superbike, d'endurance et de Superstock, l'Allemande, dévoilée en 2009, évolue légèrement en 2012 et est accompagnée d'une version HP4 encore plus affûtée proposée en série limitée. C'est le département sport de la marque teutonne, la filiale Haute Performance (HP) qui s'est chargé des modifications.

LÉGÈRE MAIS TRAPUE

Ce service sport ne s'est pas contenté d'appliquer une décoration spécifique, des stickers ou des monogrammes « HP4 » gravés ou encore d'ajouter un sabot moteur plus long et une bulle teintée ; il a en effet beaucoup travaillé sur l'allégement de la machine. Ainsi, les jantes en aluminium forgées, le nouvel échappement Akrapovic en titane, une batterie plus légère et l'ajout de quelques pièces en carbone ont permis de réduire le poids total en dessous des 200 kg (contre 206,5 sur la S 10 000RR stock). Les freins Brembo avec étriers monoblocs sont équipés de plaquettes racing spéciales et un ABS spécifique. Le travail des suspensions est confié au système DDC (Dynamic Damping Control) qui, grâce à des capteurs, ajuste l'amortissement hydraulique selon l'état de la route, le style de conduite et le mode choisi (Rain, Sport, Race, Slick). La moto récupère le système DTC (Dynamic Traction Control) de sa devancière mais celui-ci a été optimisé pour un usage racing. Enfin, la monte pneumatique arrière est différente par rapport à la S 10 000 RR (200/55 ZR 17 au mieux de 190/55 ZR 17). Quant au 4-cylindres, il n'a quant à lui pas besoin de chevaux supplémentaires mais les ingénieurs ont retravaillé le couple à partir de 6 000 tr/mn pour assurer de meilleures reprises tandis qu'un shifter et un système Lauch Control (facilitant les démarrages à fond) sont montés de série.

RACING

Pour ceux qui veulent absolument se lancer sur la piste (la HP4 est faite pour ça, elle reste et demeure une hypersportive absolue, taillée pour la compétition), BMW commercialise aussi un pack Compétition avec des éléments rabattables (leviers, repose-pieds), un sabot moteur en carbone, des roues bleu racing métal, une protection de réservoir HP carbone, des porte-plaquettes HP carbone et un indispensable kit autocollants sponsors.

ALLEMAGNE

ANNÉES DE PRODUCTION : 2013-2015

MOTEUR : 4 t, 4-cylindres en ligne, refroidissement par liquide, 2 ACT et 4 soupapes par cylindre

CYLINDRÉE : 999 cm³

ALÉSAGE X COURSE : 80 x 49,7 mm

PUISSANCE : 193 ch à 13 000 tr/m

CARBURATION : injection électronique

TRANSMISSION : embrayage multidisque en bain d'huile, boîte de vitesses à 6 rapports, transmission finale par chaîne

SUSPENSION : avant, fourche télescopique inversée de 46 mm ; arrière, bras oscillant et monoamortisseur, système DDC

FREINS : avant, double disque de 320 mm, étriers à 4 pistons ; arrière, simple disque de 220 mm, étrier simple pistons, Race ABS, DTC

POIDS (TOUS PLEINS FAITS) : 199 kg

VITESSE MAX. : nc

IIIII JAPON

ANNÉES DE PRODUCTION : 2005-2013

MOTEUR : 4 t, 4-cylindre en ligne, refroidissement par eau, 2 ACT et 4 soupapes par cylindre

CYLINDRÉE : 748 cm³

ALÉSAGE X COURSE : 68,4 x 50,9 mm

TAUX DE COMPRESSION : 11,3 à 1

PUISSANCE : 106 ch à 10 500 tr/m

CARBURATION : injection électronique

TRANSMISSION : embrayage multidisque en bain d'huile, boîte de vitesses à 6 rapports, transmission finale par chaîne

SUSPENSION : avant : fourche télescopique inversée de 41 mm ; arrière : monobras oscillant en aluminium et monoamortisseur

FREINS : avant, double disque de 300 mm, étriers radiaux à 4 pistons ; arrière, simple disque de 250 mm, étrier simple piston

POIDS (TOUS PLEINS FAITS) : 225 kg

VITESSE MAX. : 215 km/h

2012 KAWASAKI Z 750R

La Z 750 est depuis 2005 une valeur sûre, une moto à succès qui offre un rapport prix/prestations pratiquement imbattable dans sa catégorie.

Avec son look de moto toute droite sortie d'un manga japonais, elle a su séduire toute une génération de jeunes motards (pas moins de 130 000 exemplaires ont déjà été écoulés en Europe!) Mais pour les plus impétueux, la partie-cycle de la moto peut sembler un peu trop légère pour être poussée dans ses derniers retranchements. C'est pourquoi la Z 750 standard a été rejoint en 2012 par une version plus affûtée, la Z 750R. Extérieurement, pas grand-chose ne distingue les deux motos toujours dessinées à grand renfort de lignes droites et de facettes. La tête de fourche présente des formes plus acérées, avec un tableau de bord arborant de nouveaux graphismes. Quelques retouches esthétiques ont aussi été apportées (nouveaux clignotants, repose-pieds sport, garde-boue redessiné, pare-chaîne spécifique) mais le moteur, un 4-cylindres en ligne double ACT à 16 soupapes refroidi par liquide de 746 cm³, est identique à la version standard.

AVEC UN « R » COMME « RACING »

C'est surtout la partie-cycle qui permet à cette Kawasaki de revendiquer l'appellation « Racing ». Outre une suspension avec une fourche inversée dont les réglages s'effectuent sur les deux fourreaux (et non plus sur un seul), la Z 750 R adopte un monoamortisseur avec bonbonne séparée dont l'ancrage a été reculé de 2 mm. Le bras oscillant n'est plus en acier mais en aluminium, la roue avant est plus large et le freinage est mieux dimensionné avec des étriers à 4 pistons radiaux (deux pistons sur la Z 750 standard) de surcroît plus réactifs grâce à l'ajout de durites blindées. Une version Black Édition toute de noire vêtue (sauf le pourtour des jantes rehaussé d'un filet rouge) est aussi proposée. Ces évolutions permettent en tout cas au best-seller de Kawasaki d'être plus homogène lors des évolutions rapides. À partir de 2014, cette série s'efface avec l'arrivée de la nouvelle Z 800 Performance plus efficace mais aussi vendue plus cher.

LE VERT LUI VA SI BIEN

C'est incontestablement dans cette livrée verte métallique et noire rehaussée d'un filet or que la Kawasaki Z 750R est la plus belle. On notera la forme de l'embouti du réservoir qui permet au pilote de rentrer les genoux sans difficulté. Bien dessinée, élégante, facile à vivre et vendue à un tarif attrayant, il n'en a pas fallu plus pour que cette Kawasaki devienne un best-seller. Elle est remplacée en 2013 par la nouvelle Z 800.

2014

HONDA VFR 800

La Honda VFR est au catalogue du constructeur depuis 1986. Souvent considérée comme la reine des sportivo-GT, elle évolue en 1998 avec un moteur porté à 800 cm³ puis en 2002, le 4-cylindres en V refroidi par eau adopte la distribution VTEC qui, à bas régime, réduit la consommation en ne faisant travailler que deux des quatre soupapes par cylindres.

Malgré ces raffinements, les ventes de la VFR déclinent, la mode des motos sport-GT semblant s'effacer. Devenue un peu banale, la VFR est de plus épaulée par une VFR 1200 qui lui fait de l'ombre. Honda ne souhaitant pas abandonner la 800 cm³, une nouvelle monture est présentée en 2014, la VFR 800 F. Celle-ci conserve la distribution variable VTEC mais l'évolution est perceptible: il n'y a plus d'à-coups lors du passage de deux à quatre soupapes. La mécanique est particulièrement souple, puissante, rassurante. La transmission est parfaite tout comme la tenue de cap imperturbable quelles que soient les conditions météorologiques grâce aux suspensions Honda Multi Actions System (HMAS).

ERGONOMIE SOIGNÉE

La VFR reste une moto de grand standing et bénéficie de riches équipements: si le freinage Dual CBS de l'ancienne génération n'a pas été conservé, la Honda dispose d'un nouvel ABS et d'un antipatinage TCS de série. De même, le confort est amélioré avec des poignées chauffantes, une béquille centrale et un capot de selle proposés d'origine.

NOUVELLE LIGNE

La ligne reste dans l'esprit de la VFR 800 mais l'échappement sous la selle a été abandonné au profit d'un silencieux plus classique tandis que les jantes à dix rayons personnalisent cette nouvelle version. Avec une consommation et un poids en baisse, d'excellentes performances et un prix finalement assez contenu, la VFR 800 F retrouve son charme d'antan et redevient aujourd'hui la sport-GT de légende.

ANNÉES DE PRODUCTION : 2014-2020

MOTEUR : 4 t, 4-cylindres en V à 90°, refroidissement par liquide, 2 ACT et 4 soupapes par cylindre, système VTEC

CYLINDRÉE : 782 cm³

ALÉSAGE X COURSE : 72 x 48 mm

TAUX DE COMPRESSION : 11.8 à 1

PUISSANCE : 106 ch à 10 250 tr/m

CARBURATION : injection électronique PGM-FI

TRANSMISSION : embrayage multidisque en bain d'huile, boîte de vitesses à 6 rapports, transmission finale par chaîne

SUSPENSION : avant, fourche télescopique de 43 mm ; arrière, monobras oscillant et monoamortisseur à gaz HMAS

FREINS : avant, double disque de 310 mm, étriers radiaux à 4 pistons ; arrière, simple disque de 256 mm, étrier à 2 pistons, ABS et TCS de série

POIDS (TOUS PLEINS FAITS) : 239 kg

VITESSE MAX. : 235 km/h

ITALIE

ANNÉES DE PRODUCTION : 2010-2015

MOTEUR : 4 t, bicylindre en V à 90°, refroidissement par air et huile, 2 soupapes culbutées par cylindre

CYLINDRÉE : 744 cm³

ALÉSAGE X COURSE : 80 x 74 mm

TAUX DE COMPRESSION : 10,2 à 1

PUISSANCE : 48 ch à 6250 tr/m

CARBURATION : injection électronique

TRANSMISSION : embrayage monodisque à sec, boîte de vitesses à 5 rapports, transmission finale par cardan arbre et pont

SUSPENSION : avant, fourche télescopique inversée de 40 mm ; arrière, bras oscillant et double combiné amortisseur

FREINS : avant, simple disque de 320 mm, étrier à 4 pistons ; arrière, simple disque de 260 mm, étrier à 2 pistons

POIDS : 190 kg

VITESSE MAX. : 160 km/h

2015

MOTO GUZZI V7 II RACER

En 2008, Moto Guzzi lance une nouvelle V7 Classic, une machine qui cultive à fond le look néorétro en reprenant la même dénomination que sa prestigieuse devancière de la fin des années 1960.

Bien entendu, la machine n'a plus grand-chose à voir avec l'ancienne génération mais, tout comme la V7 avait donné naissance à d'autres modèles comme la V7 Special et la V7 Sport, la V7 Classic et son bicylindre en V de 744 cm^3 a engendré toute une série de rejetons au fil des ans. La dernière-née est la V7 Racer dévoilée en 2010. Avec son joli cadre rouge, son réservoir chromé et ses plaques à numéro sur le becquet de la selle monoplace, cette machine, qui n'était au départ qu'un exercice de style, a remporté un joli succès. Depuis, elle est devenue un modèle phare de la marque et si sa silhouette n'a pas beaucoup évolué, la mécanique a subi quelques notables améliorations en 2012 où pas moins de 70 % des pièces ont été changées. En 2014, le taux de compression a été accru, les pistons et les chambres de combustion ont été redessinés, l'admission s'effectue via un unique corps pour les deux cylindres tandis que les couvre-culasses et les puits des bougies ont été modifiés. La boîte de vitesses est aussi plus douce et la taille de l'alternateur a été réduite. L'année suivante, la V7 II Racer enfonce le clou avec une riche dotation en équipement puisque la moto reçoit un ABS et un contrôle de traction de série ainsi qu'une nouvelle boîte à 6 rapports. Le moteur est placé plus bas dans le cadre et la position de conduite se distingue par une assise elle aussi plus basse. Revers de la médaille, la moto a perdu 1 petit cheval (47 ch contre 48 ch) pour devenir accessible au nouveau permis A2 mais sa boîte de vitesses mieux étagée et son rapport supplémentaire permet de mieux tirer parti de la puissance. Enfin, elle ne pas passe pas inaperçue et comblera les amoureux de beaux objets vintage d'autant qu'elle est toujours produite en série limitée.

2017

BMW R 1200 NINE T RACER

En 2013, BMW jette un pavé dans la mare avec sa nouvelle R 1200 Nine T, un roadster qui mêle le rétro et le moderne, une partie cycle simple mais efficace et un moteur bicylindre à plat emprunté à la R 1200 GS qui ne demande qu'à partir à l'assaut du compte-tours.

Cette première BMW R Nine T – conçue pour célébrer les 90 ans de la marque (« Nine T » se lit en effet *ninety* soit « quatre-vingt-dix ») – fait alors l'unanimité, car elle redonne un véritable coup de jeune à la marque et à la lignée des bicylindres à plat. Le succès aidant, BMW élabore alors dans les années suivantes une gamme Heritage articulée autour de la R Nine T qui reste au catalogue avec un moteur aux normes Euro IV. Ce modèle à forte personnalité est désormais épaulé par la R Nine T Scrambler, plus accessible au portefeuille, l'Urban G/S, qui n'est pas sans rappeler la première R 80G/S, la Pure, proche de la R Nine T mais moins ostentatoire, et un élégant café racer esthétiquement très réussi, la R Nine T Racer.

L'ESPRIT CAFÉ RACER

Comme ses sœurs de la lignée des Nine T, la Racer conserve le moteur de 110 ch de la R Nine T ainsi que le robuste cadre en acier avec moteur porteur et partie arrière démontable. La transmission est bien entendu confiée à un cardan, technique qui demeure la signature des motos BMW depuis la R32 de 1923. La mécanique refroidie par air et huile s'accorde parfaitement avec le style de la moto qui cultive à fond les années café racer du début des années 1970. Car c'est bien la silhouette de cette version Racer de la R 1200 Nine T qui évoque immanquablement les belles préparations sportives des seventies. La tête de fourche fuselée comme une ogive, le dosseret de selle minimaliste, les coloris racing, l'échappement 2 en 1 ou encore les commandes reculées en aluminium sont les signatures des machines sportives d'antan. La Racer pousse même le mimétisme en abandonnant la belle fourche inversée de la R Nine T et opte pour une suspension plus classique avec des fourreaux noirs. C'est certes moins moderne, mais cela permet de contenir le prix de la moto tout en respectant l'esprit. Toutefois, une fois en selle, la Racer est loin d'avoir le comportement d'une ancêtre. D'ailleurs, grâce à cette Racer radicale, BMW a relancé au printemps 2018 une Boxer Cup en première partie de l'International German Motorcycle Championship (IDM).

LA RACER DES TEMPS MODERNES

Dès la prise en main, la machine mérite bien son appellation de Racer : la position de conduite est résolument sportive, avec des commandes aux pieds très reculées et les bras tendus pour saisir les guidons bracelets. Une fois le moteur mis en route et après les premiers tours de roue, la Racer devient une véritable moto à vivre. Le moteur dispose en effet d'un coffre et d'un souffle en parfaite adéquation avec la machine, mais qu'on ne s'y trompe pas, il s'agit bien d'une moto de 2017, dotée d'un ABS, d'un antipatinage optionnel, d'une injection électronique, d'un affichage digital, d'un feu arrière et de clignotants à leds et d'une suspension arrière Paralever. Malgré un prix plus contenu que la R Nine T, cette moto n'est pas la machine idéale en ville ou pour parcourir de longues distances, mais son comportement est rigoureux. Moyennant l'adaptation d'un module de cadre spécifique avec une seconde selle et des repose-pieds *ad hoc*, on peut même partir à deux, elle reste néanmoins franchement une moto pour égoïste amateur de pilotage. Si vous êtes encore habité par l'esprit du Tourist Trophy, cette moto est faite pour vous...

ALLEMAGNE

ANNÉE DE PRODUCTION : 2017-2020

MOTEUR : bicylindre à plat, 4 soup./cyl., refr. mixte air/huile

CYLINDRÉE : 1 170 cm^3

ALÉSAGE X COURSE : 101 x 73 mm

ALIMENTATION : injection électronique

PUISSANCE : 110 ch à 7 750 tr/mn

TRANSMISSION : embr. à sec, boîte de vitesses à 6 rapp., transm. finale par cardan, arbre et pont

SUSPENSION : avant, fourche télesc. ; arrière, monoamortisseur Paralever

FREINS : avant, double disque Brembo de 320 mm, étriers 4 pistons ; arrière, simple disque de 265 mm, étrier double piston

POIDS : 220 kg

VITESSE MAX. : 230 km/h

2017

TRIUMPH BONNEVILLE BOBBER BLACK

Dans son acception courante, le « bobber » est une moto dépouillée dont on a ôté le superflu pour ne conserver que l'essentiel en la raccourcissant. Cette customisation prend son essor aux États-Unis après la Seconde Guerre mondiale et le style bobber est devenu emblématique de certaines Harley-Davidson.

Aujourd'hui, excepté chez certains *aficionados*, le style bobber est tombé en désuétude. Mais, avec la vague néo-rétro qui déferle depuis quelques années sur le monde de la moto, l'attrait pour le look vintage suscite de plus en plus l'enthousiasme. Désormais, les performances pures tendent à s'effacer devant le style, quitte à faire des concessions sur le confort ou certains aspects pratiques.

BOBBER IS BEAUTIFUL

Présentée à l'automne 2017, la Bonneville Bobber est la dernière déclinaison de la désormais mythique Bonneville, dont la production a été relancée en 2000. La machine est une stricte monoplace caractérisée par un faux cadre rigide hardtail, des tubes d'échappement biseautés, une fourche pourvue de gros soufflets, des garde-boue courts et un unique compteur central. Malgré son style minimaliste, la belle finition de ce custom européen séduit. Et la recette fonctionne: la Bobber a ainsi effectué un démarrage commercial sur les chapeaux de roues. Cette moto à succès est épaulée en 2018 par une version « Black ». Entièrement peinte en noir, y compris les échappements, la Bobber Black ressemble encore plus à l'idée que l'on peut se faire d'un custom pour bad boy. Affublée de pneus ballon, d'une fourche Showa dont le diamètre passe de 41 à 47 mm, de gros freins de 310 mm, la Bobber Black semble effectivement plus agressive et plus provocante.

UN MOTEUR VITAMINÉ

La machine hérite du bicylindre parallèle calé à 270° à simple ACT, 8 soupapes et refroidissement liquide bien connu des amateurs de la Bonneville T120 lancée en 2015. Avec une cylindrée de 1 200 cm^3 pour une puissance de 77 ch, cette mécanique se fait remarquer par son couple, sa cavalerie toujours disponible et son absence de vibrations. Bien qu'ayant perdu 3 ch, le twin de la Bobber est plus musclé à mi-régime. De toute façon, même si elle est moins puissante, cette moto n'a pas l'ambition d'aller chatouiller le chronomètre. Avec ses faux carbus et son filtre à air imitation « camembert », son moyeu de roue arrière évoquant un frein à tambour, la Bonneville Bobber Black cherche avant tout à ressembler à un *Hot Rod* tout droit échappé des fifties.

LES TEMPS MODERNES

Cette Triumph reste néanmoins une production des années 2000 et elle embarque tout l'attirail électronique d'une deux-roues des temps modernes: l'inévitable injection électronique, l'ABS, la poignée de gaz ride-by-wire, deux modes de conduite (route et pluie), le cruise control, les feux arrière à leds, l'embrayage assisté et l'antidémarrage sont ainsi de série sur la Bobber Black. Malgré sa partie cycle au ras du sol, la Black reste très bien amortie et sa prise en main aisée n'est pas pénalisée par un confort médiocre. Sur la Bobber, Triumph a ainsi adopté une selle « flottante » réglable presque dans tous les sens, afin de s'adapter à la morphologie du motard. La position des pieds dans l'axe de l'assise ne pénalise pas non plus la conduite, moins typée custom qu'il n'y paraît. Avec son look noir mat, un moteur qui a du coffre et malgré tout une électronique embarquée dernier cri, la Bonneville Bobber Black ne devrait pas décevoir les amateurs de moto revival.

IIIII GRANDE-BRETAGNE

ANNÉES DE PRODUCTION : 2017-...

MOTEUR : bicylindre parallèle, double ACT, 4 soup., refr. par air et eau

CYLINDRÉE : 1 200 cm³

ALÉSAGE X COURSE : 97,6 x 80 mm

PUISSANCE : 77 ch à 6 100 tr/mn

ALIMENTATION : injection électronique

TRANSMISSION : embr. multidisque en bain d'huile, boîte de vitesses à 6 rapp., transmission finale par chaîne

SUSPENSION : avant, fourche télesc. ; arrière, type hardtail avec monoamortisseur

FREINS : simple disque de 310 mm, étriers à 2 pistons ; arrière, simple disque de 255 mm, étrier à 2 pistons

POIDS : 228 kg

VITESSE MAX. : nc

IIIII ÉTATS-UNIS

ANNÉES DE PRODUCTION: 2019-...

MOTEUR: électrique Revelation®, batterie haute tension de 15,5 kWh, refr. par eau

PUISSANCE: 105 ch (78 kW)

COUPLE: 11,93 m.kg (116 Nm)

TRANSMISSION: par courroie

SUSPENSION: avant, fourche téléhydraulique Showa; arrière, monoamortisseur Showa

FREINS: avant, 2 disque de 300 mm, étriers 4 pistons; arrière, simple disque de 292 mm, étrier 2 pistons, ABS

POIDS: 297 kg

VITESSE MAX.: 170 km/h

2019 HARLEY-DAVIDSON LIVEWIRE

Partisan du traditionnel V-Twin thermique depuis des décennies, qui eut cru qu'Harley-Davidson allait finalement se convertir à la moto électrique ? Et pourtant, le constructeur américain a lancé son projet LiveWire dès 2010 avant d'élaborer un premier prototype quatre ans plus tard.

Il faut dire que le marché de la propulsion électrique va nécessairement évoluer et qu'il fallait songer à l'avenir. Les ingénieurs maison n'étant pas formés à ce type de propulsion, la marque a dû débaucher des spécialistes de la Silicon Valley et a ouvert un site en Californie pour promouvoir sa moto sur batterie. Celle-ci a officiellement été commercialisée à partir de septembre 2019.

PARI RISQUÉ MAIS...

Reste que le pari est osé, personne ne connaît en effet ce futur marché et puis l'autonomie : celle annoncée (de 120 à 200 km selon le mode sélectionné et le type de conduite) est encore bien faible. Il faut aussi compter sur un temps de recharge beaucoup trop long (1 heure sur les bornes officielles DC Fast Charge chez un concessionnaire, 8 heures chez soi sur une prise ménagère) et, enfin, le prix annoncé de presque 34 000 euros risque de freiner les ardeurs de bien des motards écolos. Mais qu'importe, force est de constater que la firme de Milwaukee a pris les devants et a proposé une moto finalement aboutie.

LA PLUS PUISSANTE DES HARLEY !

La LiveWire est une vraie Harley-Davidson, avec une ligne de roadster atypique, mais un cœur gros comme ça. Sous son châssis treillis en aluminium est suspendu un bloc électrique Révélation® avec une batterie haute tension Samsung RESS (Système de stockage d'énergie rechargeable) composée de cellules au lithium-ion enchâssées dans un carter en aluminium coulé. Celui-ci présente des ailettes qui ont une fonction à la fois esthétique (elles rappellent bien étendu celle d'un moteur thermique) et pratique (dissipation de la chaleur). Le bloc Revelation® est de type à aimant permanent avec un refroidissement par eau. Il développe une puissance de 105 chevaux pour un couple de 11,93 m.kg (116 N). C'est là le plus puissant des moteurs Harley-Davidson. Si la puissance n'apparaît pas comme étant démoniaque (la machine étant de toute façon bridée à 177 km/h), le couple est, lui, immédiatement disponible dès la rotation de la poignée et la LiveWire abat le 0 à 100 km/h en 3 secondes. Il n'y a bien sûr pas de « temps morts », pas de boîte de vitesses et l'accélération est aussi puissante qu'instantanée. Le 4 septembre 2020, la pilote Angelle Sampey a d'ailleurs abattu deux records du monde du quart et du huitième de mile.

MACHINE À VIVRE

Malgré un poids de tout de même 249 kg (dont 95 kg pour la batterie), la LiveWire s'avère très joueuse. La batterie étant logée longitudinalement, elle prend beaucoup de place dans le cadre et, pour maintenir un empattement autorisant une bonne maniabilité, le bras oscillant tout aluminium est assez court. Les reprises sont étonnantes et la partie cycle est parfaitement adaptée : l'amortissement est confié à Showa à l'avant comme à l'arrière et le freinage monobloc est estampillé Brembo. Les roues en aluminium sont équipées de pneumatiques sport Michelin Scorcher, spécialement développés pour cette moto par le manufacturier. L'ABS, le contrôle de traction, l'antiwheeling et un système de contrôle de levée de la roue arrière au freinage et du couple résiduel font partie des aides à la conduite. Cet ensemble est géré par une centrale inertielle de marque Bosch. Pour la conduite, trois modes sont proposés : Rain, Road et Sport avec trois modes A, B, C personnalisables chacun.

UN NOUVEAU STYLE DE CONDUITE

Toutes les informations sont regroupées sur un écran tactile de 109 mm avec Bluetooth, prise USB, reconnaissance vocale des fonctions téléphoniques, tandis que le système Service H-D™ Connect est disponible par abonnement. D'une façon générale, cette Harley est très bien finie. La moto souffre toutefois d'un prix de vente trop élevé et la récente pandémie de 2020 n'a pas non plus aidé à sa diffusion. On notera aussi un rappel de toutes les motos vendues fin 2020 à cause d'une nécessaire mise à jour du logiciel OBC. Mais Harley-Davidson persiste et signe dans le domaine du deux-roues électrique, puisque le nom LiveWire est devenu au printemps 2021 une marque entièrement dédiée à la mobilité électrique.

IIIII GRANDE-BRETAGNE

ANNÉES DE PRODUCTION : 2020-...

MOTEUR : 4T, bicylindre en ligne, 1 ACT, 4 soup./cyl., refr. par air et huile

CYLINDRÉE : 648 cm³

ALÉSAGE X COURSE : 78 x 67,8 mm

PUISSANCE : 47,5 ch à 7 150 tr/mn

COUPLE : 5,3 m.kg à 5 150 tr/mn

ALIMENTATION : injection électr.

TRANSMISSION : embr. multidisque en bain d'huile, boîte de vitesses à 6 rapp., transm. finale par chaîne

SUSPENSION : avant, fourche téléhydraulique ; arrière, double combiné amortisseur

FREINS : avant, 1 disque ; arrière, 1 disque, ABS

POIDS : 217 kg

VITESSE MAX. : 165 km/h

2020

ROYAL ENFIELD CONTINENTAL GT 650

Célèbre marque britannique née au début du XXe siècle, Royal Enfield lance en 1963 une nouvelle machine, la Continental GT, une monocylindre quart de litre (250 cm³) qui remporte un beau succès. Comme toutes les marques de motos britanniques, Royal Enfierld connaît toutefois des difficultés à la fin des années 1960.

Le juteux marché américain se détourne des motos anglaises et préfère les nouvelles japonaises plus ludiques. Royal Enfield disparaît peu à peu du marché européen, mais la marque est toujours assemblée en Inde. Moto phare des années 1970 aux années 1990, la Bullet séduit les amateurs de machines vintage. Il faut attendre 2014 pour que Royal Enfield revienne en force en Grande-Bretagne avec la ferme intention de proposer une nouvelle génération de motos.

LA CONTINENTAL EST DE RETOUR

Fin 2013, la marque indienne avait dévoilé une CGT (comprenez Continental GT) 535, une élégante moto monocylindre traitée dans le plus pur style Café Racer, mais dont la vitesse de pointe peinait à atteindre les 130 km/h. Fin 2017, lors du salon EICMA de Milan, deux machines sont présentées avec un tout nouveau moteur, l'Interceptor et la Continental GT, toutes deux propulsées cette fois par un bicylindre de 648 cm³ à simple ACT calé à 270° et refroidi par air et huile, offrant 47 chevaux (ce qui permet à la moto d'être directement accessible aux permis A2). Les deux machines ont une partie cycle (sortie du bureau d'étude britannique Harris Performance) et un moteur identiques. Seuls les aspects «cosmétiques» changent, la Continental GT étant traitée un peu plus sportivement avec, par exemple, un guidon bracelet, un réservoir échancré et une selle avec dosseret.

UNE BONNE SURPRISE

La bonne surprise vient de l'homogénéité de l'ensemble: la Continental GT est stable, pleine de bonne volonté et, si la puissance maximale n'est pas extraordinaire, le moteur reprend sans problème même à bas régime et distille un son vintage des plus agréable à l'oreille. La ligne rétro de l'Interceptor et de la Continental GT est très séduisante et la mécanique franchement élégante avec ses cartes ovoïdes *so british*. De même, la finition générale perçue est plutôt bonne. Certes, le tableau de bord avec écran LCD se contente du strict minimum, le freinage n'est confié à l'avant qu'à un seul disque (pincé par un étrier de marque Bybre, filiale indienne de Brembo), la fourche avant est dépourvue de réglage et le réservoir ne dépasse pas les 12,5 l, mais ces détails collent finalement très bien avec la philosophie de la moto.

UN BON CHOIX

L'excellente surprise vient du tarif qui débute au-dessous des 7000 euros, un prix très attractif pour une moto au style Café Racer très dans le vent. Pour 2020, toute la gamme est injectée (injection électronique EFI) et reçoit un pot catalysé (norme Euro 5) tandis que de nouveaux et séduisants coloris intègrent le catalogue. Le prix en profite pour augmenter, mais, globalement, la Continental GT reste une excellente affaire pour qui souhaite rouler moderne tout en chevauchant une moto tout droit sortie des années 1960. D'ailleurs, le public ne s'y est pas trompé, puisque, malgré un contexte économique difficile, les chiffres de vente de Royal Enfield ont progressé au premier semestre 2021.

INDEX

harley-davidson